D1722864

Hans-Joachim Hirsch

„Ich habe Dich bei Deinem Namen gerufen"

Die Gedenkskulptur für die jüdischen Opfer des Nationalsozialismus in Mannheim

Mit Beiträgen von Peter Kurz, Jochen Kitzbihler und Helmut Striffler

Kleine Schriften des Stadtarchivs Mannheim

Nr. 23

Herausgegeben von Ulrich Nieß

Hans-Joachim Hirsch

„Ich habe Dich bei Deinem Namen gerufen"

Die Gedenkskulptur für die jüdischen Opfer des Nationalsozialismus in Mannheim

Mit Beiträgen von Peter Kurz, Jochen Kitzbihler und Helmut Striffler

Verlagsbüro v. Brandt, Mannheim

Bibliografische Information Der Deutschen Bibliothek

Die Deutsche Bibliothek verzeichnet diese Publikation in der
Deutschen Nationalbibliografie; detaillierte bibliografische
Daten sind im Internet über *http://dnb.ddb.de* abrufbar.

STADTARCHIV**MANNHEIM**[2]
INSTITUT FÜR STADTGESCHICHTE

© 2005 [vB] Verlagsbüro v. Brandt, D-68229 Mannheim
www.vonbrandt.info
1. Auflage. Mit 43 überwiegend farbigen Abbildungen

Papier: 135 g mattgestrichenes Bilderdruckpapier – chlorfrei
gebleicht (TCF) – säurefrei entspr. den Frankfurter Forderungen
zur Verwendung von alterungsbeständigen Papieren

Satz und Gestaltung: Steffen Elsishans, Edingen-Neckarhausen
Schriften: Rotis semi sans, Rotis serif, Trump Mediæval

ISBN 3-926260-65-3

Suchender Blick einer Besucherin aus Israel über die Namen auf dem Kubus,
aufgenommen im Sommer 2004
Foto: Schwab, StadtA Mannheim, Bildsammlung

Vorwort

Ich habe Dich bei Deinem Namen gerufen, lautet jene alttestamentarische Botschaft, die einst dem Volk Israel im babylonischen Exil Trost wie Zuversicht vermitteln sollte. Sowohl im religiös-liturgischen wie öffentlich-kollektiven Gedenken wird sie immer wieder zitiert. Die Vergegenwärtigung des Namens ist ein konstitutives Element jeder Erinnerungskultur. Den Opfern des verbrecherischen NS-Regimes sind und bleiben wir es schuldig, dass wir sie mit ihrer Namensnennung vor dem Vergessen bewahren und Raum für das individuelle wie gemeinsame Gedenken schaffen. Diesen bleibenden Auftrag über alle Generationen hinweg zu erfüllen hat auch mehr als 60 Jahre nach den Geschehnissen nichts an Aktualität verloren – im Gegenteil: An die Stelle von Erinnerung aus eigenem Erleben rückt immer mehr die vermittelte historische Darstellung, die um ein Höchstmaß an Authentizität wie Glaubwürdigkeit bemüht sein muss.

Und dennoch: Eine adäquate öffentliche Form würdigen Erinnerns zu finden bleibt hier stets eine Gratwanderung. Das gilt für Veranstaltungen ebenso wie für ein dauerhaftes Zeichen im öffentlichen Raum. Groß ist das Risiko, im Ritual zu erstarren, in der monumentalen Geste stecken zu bleiben. So wie das Thema in seinen ethischen wie historischen Dimensionen unfassbar erscheint, so kommt jede öffentlich-künstlerische Form des Gedenkens gleichsam dem Betreten eines Grenzbereichs nahe. Einerseits haben die Hinterbliebenen der Opfer wie die Überlebenden und Zeitzeugen des Geschehens zu Recht – und nicht zuletzt mit Blick auf die jüngeren Generationen – dieses öffentliche Erinnerungs- und Gedenkzeichen angemahnt. Andererseits besteht dabei leicht die Gefahr, über die leidenschaftlich zu diskutierende Frage des Wie in nicht überbrückbare Positionen zu geraten und dabei emotionale Verletzungen zu riskieren, die den gesellschaftlichen Zusammenhalt belasten und letztendlich kontraproduktive Wirkungen entfalten können.

Von Anfang an konnte daher der Findungs- und Gestaltungsprozess für das Mahnmal nicht allein auf die Stadtverwaltung beschränkt sein. Erinnerungskultur bedeutet immer auch einen Auftrag an eine Gesellschaft, die sich humanistischen Werten verpflichtet fühlt. In Mannheim ist es gelungen, durch eine sachliche, angemessene Debatte in den politischen Entscheidungsgremien und den Medien den Konsens unter allen maßgeblichen gesellschaftlichen Gruppen zu wahren, der breiten Öffentlichkeit die Bedeutung und das Ergebnis des Wettbewerbs zu vermitteln und dem Mahnmal so höchstmögliche Akzeptanz zu verschaffen.

Dafür gilt der tiefe Dank allen, die sich am Zustandekommen, am Entscheidungsprozess wie an der Realisierung und Vermittlung der Gedenkskulptur eingebracht und beteiligt haben. Sie alle namentlich würdigen zu wollen, wäre indes ein aussichtsloses Unterfangen. Daher seien hier nur wenige stellvertretend genannt. Für die Initiative zum Mahnmal seitens der Opfergruppen verdient Emanuel Giveon besonderen Dank. Für den Arbeitskreis Mahnmal seien *pars pro toto* Orna Marhöfer und Manfred Erlich von der Jüdischen Gemeinde sowie der ehemalige Bundestagsabgeordnete Siegfried Vergin von der Gesellschaft für christlich-jüdische Zusammenarbeit Rhein-

Neckar und nicht zuletzt der Soziologe und Kabarettist Prof. Dr. Hans-Peter Schwöbel erwähnt. Für die keineswegs leichte technische Umsetzung seitens des Baudezernats von Bürgermeister Lothar Quast sei Rainer Pappel und Rolf Dambmann stellvertretend gedankt. Schließlich wäre die Realisierung des Mahnmals wie die vorgelegte Dokumentation ohne die federführende Begleitung des Kulturdezernats unter der Ägide von Bürgermeister Dr. Peter Kurz und seines Mitarbeiters Christian Hübel nicht möglich gewesen, die auch den nicht immer einfachen Diskussions- und Entscheidungsprozess zielorientiert zu moderieren verstanden. Beiden schuldet der Herausgeber aufrichtigen Dank, Dr. Kurz zudem für seine inhaltlichen Ausführungen in diesem Band.

In besonderem Maß Dank verdient haben jedoch der Künstler Jochen Kitzbihler und sein bei der Umsetzung unentbehrlicher Nestor Professor Helmut Striffler. Sie haben in dieser Dokumentation noch einmal ihre Antworten auf die Grenzerfahrungen mit der Gedenkskulptur expliziert. Sie verdeutlichen, warum bei einem Thema von zeitloser historischer Wirkungsmächtigkeit eine besondere, der architektonischen Formensprache entlehnte Kunstform gewählt wurde, deren scheinbare Leichtigkeit bei näherer Betrachtung zunächst Verstörung, dann Nach- und Gedenken evoziert.

Angesichts dieser Grenzgänge, auch im historischen Sinne, konnte und durfte die hier vorgelegte Dokumentation nicht allein nur den Prozess der Entscheidungsfindung und Realisierung des Mahnmals in den Fokus nehmen. Um zu ermessen, was verloren ging, ist der konzise Rückblick unabdingbar. Hans-Joachim Hirsch hat hierbei eine gewiss nicht leichte Aufgabe zu meistern verstanden. Er umreißt die historische Bedeutung der jüdischen Gemeinde für die Stadtgeschichte und lenkt dabei unseren Blick immer wieder auf latente oder offene Ressentiments und Gefährdungen, denen sich die Juden auch in Mannheim zu allen Zeiten ausgesetzt sahen. Gleichzeitig hat er jene erst ganz allmählich einsetzenden Bemühungen in der Nachkriegsgesellschaft skizziert, die den Prozess des Erinnerns und eines aktiven Gedenkens vorantrieben. Ihm, der als Autor die Hauptlast an der hier vorgelegten Dokumentation trug, gilt ein besonderes Wort des Dankes. Unterstützung fand er bei Hedwig Bialota, die sich für die Erstellung der Opferliste sehr engagierte, bei Bildauswahl und Digitalisierung halfen Nosratollah Charki-Matanagh, Dr. Anja Gillen, Henry Heller, Kathrin Schwab, der auch einige der Neuaufnahmen zu verdanken sind, und Klaus Seitz.

In gestalterischer Hinsicht war die langjährige gute Zusammenarbeit zwischen dem Verlagsbüro v. Brandt, dem Grafiker Steffen Elsishans und Stadthistoriker Michael Caroli ausschlaggebend dafür, dass jene Gratwanderung, jener Spannungsbogen einer gesamtgesellschaftlichen Aufgabe auch im Layout und in der Bildauswahl zum Ausdruck kommen.

Mannheim, im April 2005

Dr. Ulrich Nieß
Stadtarchiv Mannheim – Institut für Stadtgeschichte

Inhalt

Peter Kurz

Gedenken heute
Verpflichtung aus der Vergangenheit und Verantwortung für die Zukunft

Der Glaskubus in den Planken wurde *zur Erinnerung an die jüdischen Opfer des Nationalsozialismus in Mannheim* errichtet. Er ist damit eines der Erinnerungszeichen an die Vertreibung und Ermordung der europäischen Juden, die gerade in den letzten Jahren in der Bundesrepublik entstanden sind. Viele der Grundgedanken für diese Erinnerungszeichen sind ähnlich. Im Gegensatz zur Mahnmalarchitektur an anderen Orten, die unmittelbar den Schrecken und die Monstrosität des Verbrechens zum Ausdruck bringen wollen, ist Gegenstand des Mannheimer Projekts vor allem die Erinnerung an die ermordeten Menschen und ihr Leben in unserer Stadt. Es unternimmt den Versuch, im Herzen der Stadt den Verlust als dauerhafte und gestaltende Größe unserer Gegenwart zu thematisieren.

In Mannheim wurde mit der Ermordung und Vertreibung der jüdischen Bevölkerung ein bedeutender Teil der wenige Jahrhunderte alten Geschichte der Stadt ausgelöscht. Mannheim besaß vor der Machtübernahme der Nationalsozialisten eine der lebendigsten und stärksten jüdischen Gemeinden im Deutschen Reich. Mit ihren 6 972 Mitgliedern war die israelitische Glaubensgemeinschaft Mannheims 1925 zahlenmäßig die stärkste in Baden; der Ruf ihrer Einrichtungen drang über die Grenzen Mannheims hinaus. Die 1855 vollendete neue Hauptsynagoge konnte sich mit vergleichbaren Bauten in Berlin und anderen europäischen Metropolen durchaus messen. Auch im urbanen Aufschwung Mannheims nahm die jüdische Gemeinde seit Anfang des neunzehnten Jahrhunderts einen gleichwertigen Platz neben den christlichen Religionsgemeinschaften ein. Die Namen von Juden verbinden sich mit führenden Industrieunternehmen, bedeutenden sozialen und kulturellen Stiftungen, finden sich in Parteigründungen jeder Couleur und in politischen Gremien von der gemeindlichen Selbstverwaltung bis in den Reichstag wieder.

Die Wiedergründung der jüdischen Gemeinde nach der nationalsozialistischen Verfolgung erfolgte mit nur 120 Mitgliedern. Fast alle, die in großer Zahl großzügig und aktiv den sozialen und kulturellen Fortschritt Mannheims befördert hatten, waren ermordet oder dauerhaft vertrieben worden. Die Zerstörung auch der baulichen Zeugnisse der jüdischen Kultur in Mannheim war nahezu vollständig. Die wenigen Überreste nach dem Ende des Zweiten Weltkriegs fielen in den Nachkriegsjahren der Spitzhacke zum Opfer. Dieser Auslöschung der Geschichte in Bild und Gegenwart der Stadt galt es etwas entgegenzusetzen. Auch wollten wir die Namen der Opfer nennen. Die Namen stehen für Menschen mit Gesichtern und Lebensgeschichten, die wir nicht vergessen wollen. Unser Gedächtnis soll nicht allein die Namen der Täter kennen.

Zugleich ist die Gedenkskulptur und ihr Entstehungsprozess Teil und – so hoffen wir – weiterer Anlass für die notwendige Auseinandersetzung mit der Vergangenheit. Obwohl mit der Zeit die letzten Augenzeugen versterben und zwei Generationen zwischen dem grausamen Geschehen und dem Heute liegen, verliert das Thema nicht an Präsenz. Der langsame, schmerzhafte Prozess der Bewusstwerdung, der die Nachkriegsgesellschaft durchzieht, von der unvollendeten Entnazifizierung über die eigentliche juristische Aufarbeitung der Verbrechen in den sechziger Jahren, über das Aufbegehren einer jungen Generation bis zur Entstehung einer wirklichen Gedenkkultur in den letzten Jahrzehnten – dieser Prozess ist noch immer nicht an sein Ende gekommen und wird es wohl nie. Sei es im Zusammenhang mit immer noch nicht abgeschlossener strafrechtlicher Verfolgung der NS-Täter, liegen gebliebenen Wiedergutmachungsansprüchen oder der moralischen Auseinandersetzung mit der historischen Schuld selbst – die Öffentlichkeit wird ständig von Themen bewegt, die im Zusammenhang mit dem Holocaust stehen. Auch der sechzigste Jahrestag der Befreiung von Auschwitz brachte eine ganze Reihe von Debatten über den Holocaust und seine Konsequenzen für uns Nachlebende mit sich. Dem französischen Staatspräsidenten diente die Jährung als Anlass, im Pariser Stadtviertel Marais Museum und Gedenkstätte des Mémorial de la Shoa der Öffentlichkeit zu übergeben. Die 76 000 Namen und Geburtsdaten der französischen Opfer des Holocaust wurden in eine *Mauer der Namen* aufgenommen.

Bislang 2 262 Namen nennt die Liste der Mannheimer jüdischen Opfer, und sie ist noch nicht als vollständig anzusehen. Das Mannheimer Gedenkzeichen vermittelt so auch einen Eindruck von der Unerbittlichkeit des Mordunternehmens bezüglich unserer engeren Heimat: Mehr als ein Viertel der Mannheimer Juden wurde Opfer der Rassenverfolgung, wenn man die Zahl der Ermordeten auf die etwa 8 000 Menschen bezieht, die von 1933 bis 1940 in Mannheim lebten oder geboren wurden. Sie wurden gemordet ohne Achtung ihres Alters oder Geschlechts, Kinder, Frauen und Männer ohne Unterschied. Alle lebten in Mannheim, alle wurden Opfer des Nationalsozialismus und starben unter den Stiefeln von Nazi-Horden, in einsamer Selbsttötung aus Furcht oder Verzweiflung, während ihrer Deportation oder in den Internierungslagern, am Ende zu Tausenden in den Vernichtungslagern des Ostens. Ihre Mörder waren auch Nachbarn, wie uns das Beispiel von Rudolf Höß drastisch vor Augen führt: Der Lagerkommandant von Auschwitz lebte als Kind in unserer Stadt. Vieles harrt auch nach mehr als 60 Jahren noch der Aufklärung – beispielsweise der Anteil der Mannheimer Bevölkerung und der Mannheimer Verwaltung an der Verfolgung. Nicht weil wir im Sinne einer „Vergangenheitsbewältigung" nach individueller Schuld suchen, sondern weil die Auseinandersetzung mit der Gefährdung und Brüchigkeit unserer Zivilisation eine ständige Herausforderung bleibt.

Alles was geeignet ist, diese Auseinandersetzung zu erschweren, missachtet nicht nur die Opfer, es gefährdet unsere Gegenwart und Zukunft. Dies gilt insbesondere für die Versuche der Verharmlosung des nationalsozialistischen Unrechts aus der Mitte der Gesellschaft heraus. Missratene Reden im Bundestag, die Einlassungen Martin Walsers, die Predigt Kardinal Meissners zum Jahresbeginn 2005: Die Kette der Vergleiche und Relativierungen reißt nicht ab. Es sind Vergleiche und Relativierungen gegenüber einem Geschehen, das die negativen Möglichkeiten

des Menschen zu einer absoluten Grenze geführt hat. Auschwitz – das ist der dunkelste Ort der Erde. Die deutsche Nation, entstanden als Teil der „abendländischen Kultur", richtete ihre ganze Kraft auf die Vernichtung von Völkern und Gruppen der Bevölkerung, wollte auch die Erinnerung an sie tilgen und verwertete sogar die Körper von Getöteten wirtschaftlich. Das ist der ungeheuerliche Sachverhalt.

Jedes Wort der Relativierung dieses – weder nach 60 noch nach 100 Jahren fassbaren – Geschehens kündet von einem Unverständnis und einer Verwirrung moralischer Kategorien, die zornig macht. Ruth Klüger schildert in ihrem Erinnerungsbuch *Weiter leben* wie sie in den Baracken von Birkenau, dem eigentlichen Vernichtungslager, auf eine Studienrätin trifft, die – so lesen wir – *nach ihrer Ankunft in Auschwitz und angesichts der rauchenden, flammenden Kamine mit Überzeugung dozierte, dass das Offensichtliche nicht möglich sei, denn man befinde sich im 20. Jahrhundert und in Mitteleuropa, also im Herzen der zivilisierten Welt*. Ruth Klüger entgegnet der Mitgefangenen in ihrem Buch mit dem Hinweis auf den Zivilisationsbruch, der Frage nach der Verbindlichkeit zivilisatorischer Erfahrung. Es war eben das Volk, das Schiller und Goethe hervorgebracht hatte, das nun mit dieser Zivilisation gebrochen hatte.

Sollte denn diese mitteleuropäische Welt gar nicht zivilisiert gewesen sein? Ist sie es auch heute noch nicht? Oder haben wir die Chance, aus der Erfahrung heraus sie so zu gestalten, dass Auschwitz nicht mehr möglich sein wird?

Es ist geschehen, also kann es wieder geschehen, hat der Auschwitz-Überlebende Primo Levi gesagt. Die einzige Chance dieses Wieder-Geschehen zu verhindern, ist die Erinnerung und das Bewusstsein von dieser sich nie schließenden Wunde unserer Geschichte. Wir gedenken somit nicht allein der Opfer, sondern auch um unserer selbst willen.

Die Unterstellung gegen eine Kultur des Gedenkens lautet, es gehe darum, uns Deutschen dauerhaft ein Büßergewand anzuziehen. Fast das Gegenteil trifft zu: Es geht darum, der heutigen Generation ein selbstbewusstes Handeln in Verantwortung vor der Geschichte zu ermöglichen. Die Zukunft Deutschlands in der Welt ist nicht positiv zu gestalten ohne das Wissen um die Geschichte und ihre Wirkungsmacht in unsere Gegenwart hinein.

Das glaubwürdige *Nie wieder* ist allein zukunftssichernd. Die Denkmuster und Haltungen, die in der Debatte gegen das Gedenken immer wieder aufscheinen, sind dagegen genau die, die uns schon einmal in die Katastrophe führten: das Gefühl der Benachteiligung Deutschlands; das Gefühl, nicht fair behandelt zu werden. Im Kern handelt es sich um mangelndes Selbstbewusstsein im unmittelbaren Wortsinne. Wer die deutsche Katastrophe nicht annehmen kann, kann auch die positiven Traditionen Deutschlands nicht glaubwürdig vertreten. Nicht zuletzt darum geht es bei der Gedenkskulptur.

„Ich habe Dich bei Deinem Namen gerufen"

Hans-Joachim Hirsch

„Ich habe Dich bei Deinem Namen gerufen"

Bis in die heutige Zeit hinein bestimmt das Wissen um Auschwitz das kulturelle Sein der Gesellschaft, die sich aus dem Erbe der Gewaltherrschaft heraus formiert hat. Und dies, obwohl die in Ansätzen stecken gebliebene Entnazifizierung nach dem Zweiten Weltkrieg eine tiefer gehende Sensibilisierung der Öffentlichkeit für den Holocaust vermissen lässt. Das registrieren schon bald nach 1945 Zeitgenossen wie der Mannheimer Journalist Fritz Wecker, der in einem Beitrag für den wenige Monate zuvor zugelassenen „Mannheimer Morgen" im Februar 1947 den *Todesrekord* der nationalsozialistischen Schreckensherrschaft an den Juden Europas als den *furchtbarsten Mord der Geschichte* beklagt und empört festhält: *Gestern ist das geschehen! Wer spricht heute davon? Niemand! Gestern gab es keine anständigen Juden, heute gibt es in Deutschland nur anständige Nationalsozialisten. Das Spruchkammergejammer der Mitläufer ist im Vergleich zur jüdischen Tragödie ein Possenspiel. Aber man hat sich verschworen, nicht daran zu rühren. Man hat die jüdische Frage in die Zone des Schweigens abgeschoben, man möchte um nichts in der Welt daran erinnert werden. Wer doch davon spricht, macht sich unbeliebt.*

Erst mit zunehmender zeitlicher Distanz und im Zusammenhang mit dem gesellschaftlichen Umbruch Ende der sechziger Jahre wird das katastrophale Ausmaß der Vernichtung einer breiten Öffentlichkeit bewusst. Vor allem aber wird der nationalsozialistische Völkermord seither auch in seiner gesellschaftlichen Bedeutung jenseits der Mitleidsperspektive neu verortet. Auf die Trauerarbeit der überlebenden Opfer folgt die Entwicklung einer Gedenkkultur, die den Holocaust nicht als Problem der Juden, gar jüdischer Religion abtut, sondern die Erinnerung als notwendig und grundlegend für die Gegenwart begreift. Dies ist auch der Ansatz des Gedenkkubus, der bewusst im Mittelpunkt des pulsierenden städtischen Lebens stehen sollte. Könnte dafür ein besserer Platz gefunden werden als der derzeitige?

16

Mehr als ein halbes Jahrhundert dauert es also, bis den Protestrufen der wenigen zeitgenössischen Kritiker ein sichtbares Zeichen folgt. Und mit der Aufstellung der Gedenkskulptur, die mehr als 2200 ermordete Menschen aus Mannheim namhaft macht, wurde insoweit erst ein Anfang erreicht, als zwischenzeitlich schon zahlreiche Ergänzungen oder Korrekturen der Namensliste notwendig wurden. Damit steht der Kubus symbolisch für die Einlösung einer Forderung, die im Jahr 1995, am 50. Jahrestag der Befreiung von Auschwitz, der damalige Vorsitzende der jüdischen Gemeinde Manfred Erlich anlässlich einer Gedenkfeier in der Synagoge erhob. Resignierend beklagte er, dass *50 Jahre nach Auschwitz der Gedächtnisschwund immer mehr um sich greife* und das *Gedenken größtenteils den Kindern und Enkeln der Opfer überlassen werde. Rechtsradikales Gedankengut könne darüber hinaus heute wieder ungestraft verbreitet werden, Scham und Sensibilität seien vielfach nicht mehr vorhanden. Schuld daran seien Richter, die sich damit hervortäten, Nazisympathisanten und Demokratiezerstörern jede nur mögliche Chance zu geben, sich ihrer gerechten Strafe zu entziehen* – so Erlich im Hinblick auf eine Urteilsbegründung des Mannheimer Landgerichts, die dem NPD-Chefideologen Günter Deckert Charakterstärke bescheinigte. Erlichs weiterer Kommentar: *In unseren kühnsten Träumen hätten wir uns das, 50 Jahre nach Auschwitz, nicht vorstellen können.* Der *allgemeinen Verdrängung* entgegen zu treten, *Auschwitz niemals aus dem Bewusstsein schwinden zu lassen*, formulierte Erlich als gesellschaftliche Antwort und als Aufgabe für die Opfer und ihre Nachkommen.

In einem produktiven Sinn Auschwitz in unser Bewusstsein einzubrennen, darin besteht ja eine wesentliche Funktion des Glaskubus: heute und in Zukunft daran zu erinnern, dass „unzählige" Menschen in der Zeit der Diktatur von ihren Mitbürgern erst ausgeschlossen, dann erniedrigt und verfolgt und schließlich vertrieben und ermordet wurden – allein wegen ihrer Glaubenszugehörigkeit oder ihrer „rassisch" definierten Abkunft. Ihre Namen nehmen nun einen unverrückbaren Platz ein: als Orientierungspunkt für eine Zukunft, die rassische oder religiöse Ausgrenzungen ein für allemal disqualifizieren möge!

Die Lehren aus der Geschichte zu ziehen heißt auch, die dunklen Spuren mit den hellen in Kontrast zu sehen, ihren Verlauf zu prüfen, inwieweit er für eine Zukunftsvision taugt. Etwa nach dem Wahlspruch des Helden einer Novelle von Heinrich Zschokke: *Um in die Zukunft zu schauen, muss man rückwärts sehen, nicht vorwärts. Rückwärts in die Vergangenheit, da hängt der Prophetenspiegel.*

Auf der Suche nach einem bekannten Namen
Foto: Schwab, StadtA Mannheim, Bildsammlung

„Ich habe Dich bei Deinem Namen gerufen"

Zur Frühgeschichte der Juden in Mannheim

Rückwärts blickend in die Geschichte Mannheims wird man für den Zeitraum vor der Stadtgründung feststellen müssen, dass in den „alten" Städten des Südwestens Worms, Speyer, Heidelberg oder Mainz die weithin bekanntesten jüdischen Gemeinschaften des Reichs aus dem Dunkel ihrer Vorgeschichte treten. Die Geschichte ihrer Verfolgungen in mittelalterlicher Zeit ist, soweit bekannt, ein stetes Auf und Ab von Gewalttaten, unter denen sich die Vertreibung aus Heidelberg durch Kurfürst Rupprecht II. vergleichsweise harmlos ausnimmt. Doch die mit dieser Vertreibung verbundene Weihe der ehemaligen Synagoge zur Universitätskapelle am 21. Dezember 1391 reiht sich ein in eine Kette zahlloser Übergriffe von Christen gegen die Anhänger einer Religion, die sie als feindlich empfinden, in deren Glaubensfundamenten gleichwohl die Wurzeln des Christentums zu finden sind. Bloße Willkür beherrscht daher auch im Oberrheingebiet den Umgang mit der jüdischen Minderheit, deren Status je nach Belieben der Herrschaft zwischen nahezu schutzloser und privilegierter Stellung schwankt. Erst als sich der Feudalstaat zum Territorial- oder Ständestaat wandelt, als eine neue Welt mit neuem Ethos, neuer Staatlichkeit ersteht, in der die Herrschaftsausübung sich über Stände, Ritter und Geistlichkeit nach unten verteilt, bekommen auch Juden als Minderheit in der sich entwickelnden Gesellschaft ihren Platz zugeteilt.

Allerdings hält der Mangel an religiöser Toleranz bei der Stadtgründung 1607 durch Kurfürst Friedrich IV., Führer der protestantischen Union, Juden und andere Minderheiten noch davon ab, sich in der Ansiedlung zwischen den Festungswällen niederzulassen. Erst nach dem Ende des 30-jährigen Kriegs mit dem Westfälischen Frieden von 1648 setzt unter einem neuen Herrscher ein grundsätzliches Umdenken ein. Den Ausschlag geben wirtschaftliche Motive, denn infolge der kriegerischen Ereignisse ist die Stadt bis auf die Grundmauern verwüstet und völlig verlassen. Der Wiederaufbau erfordert eine neuerliche Besiedlung, zu der Karl Ludwig *Alle ehrliche*[n] *Leut und von allen Nationen hiezu zu beruffen und einzuladen* sich anschickt, so die Präambel der deutschen Fassung der „Privilegien". Schon bald ziehen auch die ersten fünf jüdischen

Familien aus Pfeddersheim bei Worms zu. Berthold Rosenthal nennt Worms *die Mutterkolonie* dieser neu entstehenden und allmählich erstarkenden Gemeinschaft, in der sich hauptsächlich Aschkenasim, deutsche Juden aus der näheren Umgebung, zusammenfinden.

In der ersten Zeit bildet Worms noch das *geistige Zentrum* der Mannheimer Gemeinde. Der Wormser Minhag, in weit zurückreichender Tradition geformte Richtschnur für die Gläubigen, regelt die Gestaltung des Gottesdiensts. Das Wormser Rabbinat, höchste religiöse und richterliche Autorität, genießt als solche auch staatliche Anerkennung. Mit der bekannten Judenkonzession von 1660, die ihren rechtlichen Status schriftlich bestätigt, erreicht Karl Ludwig den Zuzug vor allem auch von „portugiesischen" Juden, Sephardim, die sich aufgrund ihres Fleißes und ihrer Tüchtigkeit einen besonders vorteilhaften Ruf erworben haben.

1661 löst sich die Mannheimer Gemeinde aus ihrer Abhängigkeit von Worms und bekommt das Recht auf ein eigenes Rabbinat zuerkannt. Schon bald wird zum Grundstückspreis von 300 Gulden auch ein eigener Friedhof unterhalb der Befestigungsmauern auf dem späteren Stadtquadrat F 7 erworben. Auch ein rituelles Bad wird erbaut, 1664 ein erstes Gotteshaus errichtet. Liselotte von der Pfalz, in deren Briefen oftmals die antisemitischen Ressentiments der Zeit spürbar werden, wird das Mannheimer Gotteshaus später als *artig, wohl gebaute Synagog* beschrieben. Nach Wormser Quellen soll der erste Mannheimer Rabbiner Naftali Herz geheißen haben. Seine Gemeinde ist anfänglich eher ein Zwangsverband, deren Bestand von Kurfürst Karl Ludwig im März 1666 per Dekret gesichert werden muss. Es bestimmt, dass die bis dahin recht unfriedlich miteinander verkehrenden beiden jüdischen Bevölkerungsgruppen sich in die Nutzung von Synagoge und Begräbnisplatz teilen und die religiösen Zeremonien gemeinsam verrichten sollen. Erst lange Jahre des Zusammenlebens ebnen die Unterschiede zwischen den in Mannheim lebenden Aschkenasim und Sephardim ein.

Konstantes Ärgernis für den Rat der Stadt Mannheim bedeuten dagegen die ständigen Konflikte, die sich an der Sonderstellung der jüdischen Bürger entzünden. Zwar verspricht die Konzession von 1660 eine zeitweilige Befreiung von den üblichen Schutzgeldern, schreibt aber andererseits den deutschen Juden

„Ich habe Dich bei Deinem Namen gerufen"

einen Hausbau binnen eines Jahres vor. Befreiung von Wach- und Kriegsdiensten wird den Juden zwar gewährt, sie müssen sich jedoch davon freikaufen. Und Frohnden, wie der Mithilfe beim Festungsbau oder dem jährlichen Enteisen des Stadtgrabens, unterliegen sie wie andere Einwohner auch. Dabei kommt es wohl manches Mal zu Reibereien, die sich an nationalen und konfessionellen Verschiedenheiten entzünden. Zumeist ist materieller Neid der Anlass, der die „Christenmenschen" zu Klägern gegen ihre jüdischen Mitbürger werden lässt. Beispielsweise wenn die Metzger beim Rat Prozesse gegen die niedrigen Fleischpreise ihrer jüdischen Konkurrenz anstrengen.

Im Einzelnen sind solche Streitfälle wohl eher Ausdruck einer natürlichen Reibung zwischen Bevölkerungsgruppen aus unterschiedlichen gesellschaftlichen Zusammenhängen. Im übrigen profitiert die Wirtschaft von den weit reichenden Handelsbeziehungen der aus ganz Europa Zugewanderten, die auch auf der Frankfurter Messe geschäftlich tätig werden. Die Rechnung des Kurfürsten geht also auf, denn nach der völligen Zerstörung der Stadt hat sich innerhalb weniger Jahrzehnte ein neues Gemeinwesen auf durchaus stabilen wirtschaftlichen Grundlagen herausgebildet.

Der Anteil der Juden an dieser positiven Entwicklung übersteigt ihren zahlenmäßigen Anteil an der Bevölkerung durchaus: Zählen sie zu Beginn ihres Zuzugs anlässlich der Unterschriftenleistung zum Kaufvertrag für das Friedhofsgelände im Schatten der Wehrmauern noch 13 Familienhäupter, summiert sich jüdischer Hausbesitz im Verzeichnis von 1663 auf 15 Grundstücke, so wird in der Ratssitzung vom 12. Mai 1665 eine Zahl von 23, am 4. April 1673 von 43 Familien angenommen. Bis um 1680 hat sich diese Zahl in etwa verdoppelt, grob geschätzt leben zu diesem Zeitpunkt etwa 350 bis 400 Juden in Mannheim. Eine vergleichsweise geringe Zahl, setzt man sie in Beziehung zum wachsenden wirtschaftlichen Erfolg zahlreicher jüdischer Geschäftsleute im Handel und Geldverkehr.

Kurfürst Karl Ludwigs Förderung der Juden geht hingegen offensichtlich durchaus über das gemeinhin vorherrschende Interesse am wirtschaftlichen Nutzen dieser Menschen hinaus. Er schätzt den klugen und gelehrten Rabbiner Isaak Brilin, zieht bei Gelegenheit den Ratschlag des bedeutenden jüdischen Arztes Hayum Jacob ein. Dem jüdischen Philosophen Baruch Spinoza trägt er

Titelblatt einer Festschrift der Jüdischen Gemeinde zum fünfzigjährigen Regierungs-jubiläum Karl Theodors 1792. Im Innenteil war sein Name in Schmuckbettern gesetzt
StadtA Mannheim

„Ich habe Dich bei Deinem Namen gerufen"

1673 eine ordentliche Professur der Philosophie an seiner berühmten Akademie in Heidelberg an. Bemerkenswert für die damalige Zeit, tritt Karl Ludwig damit als großzügiger Förderer der Wissenschaften hervor. Mit seinem Ableben und dem Hereinbrechen des „Pfälzischen Erbfolgekriegs" endet auch die erste Blütezeit der jüdischen Gemeinde in Mannheim. Erst Kurfürst Karl Philipp leitet nach den zaghaften Anfängen Johann Wilhelms mit entschiedenen Maßnahmen den Wiederaufbau Mannheims ein. Mit seiner im Jahr 1717 erlassenen Konzession für die Mannheimer Judenschaft legt er den Grundstein für eine neue Phase jüdischen Gemeindelebens.

Bis zu Beginn des 19. Jahrhunderts erschöpft sich die Gemeinschaft der Juden in Mannheim nicht allein in der Ausübung ihres Glaubens, sie pflegt auch intern eine weitgehende rechtliche und soziale Selbstverwaltung, mit ausgedehnten Befugnissen, wie sie heute großenteils der öffentlichen Verwaltung, der Gerichtsbarkeit und nur in ganz geringem Maß den Religionsgemeinschaften zukommen. Nach der Konzession Karl Philipps obliegen dem Rabbiner und den Gemeindevorständen neben ihren Tätigkeiten im Bereich der Religionsausübung die Rechtsaufsicht bei der Eheschließung, die Abwicklung von Hinterlassenschaften und die Testamentsvollstreckung sowie die Aufsicht bei Vormundschaften.

In der somit recht eigenständigen Existenz der jüdischen Gemeinschaft dürfte vermutlich einer der Urgründe einer unterschwelligen Judenfeindschaft in Mannheim zu suchen sein, verstärkt zumal durch den Neid auf den wirtschaftlichen Erfolg einiger weniger, der in dem verbreiteten Gerücht gipfelt, zwei Drittel der Häuser in Mannheim befänden sich in jüdischem Besitz. Zahlreich sind die Quellen für eine solche „antijüdische" Stimmung. Ohne jeglichen wissenschaftlichen Anspruch wird beispielsweise 1741 in Mannheim ein anonymes Machwerk herausgegeben, das den judenfeindlichen Launen unter den Einwohnern Mannheims vorzugsweise in gereimter Form Ausdruck verleiht. Der programmatische Titel *Die in der Chur-Pfältzischen Stadt Mannheim wegen trauriger Emigration des gantzen Juden-Packs in dem Schieß-Haus versammlete höchst fröhliche Bürgerschafft. Da das gantze Juden-Volck wegen ihrer vielfältigen Verbrechen die Stadt und Land raumen musste* macht eine weitere inhaltliche Beschreibung durchaus unnötig. Als das Machwerk bald zwei Jahrhunderte später in den „Mannheimer Geschichtsblättern" als Neuentdeckung präsentiert wird, wird eine eingehende Besprechung daher folgerichtig vermieden. Noch einmal zehn Jahre später jedoch wird dieser Umstand im „Hakenkreuzbanner" als Unterschlagung historischer Wahrheiten gedeutet, der Text auszugsweise wiedergegeben und zu Gunsten der vom Regime geförderten Rassenideologie ausgeschlachtet.

Mit dem Amtsantritt Karl Theodors bittet die Gemeinschaft der Mannheimer Juden um Erneuerung der Konzession. Im Jahr 1744 wird ihr ein nur unwesentlich veränderter Entwurf zugestellt, der mit einer Entschädigung von 15 425 Gulden abgegolten werden muss. Ganz offensichtlich ist Kurfürst Karl Theodor einerseits sicherlich kein Freund der Juden. Andererseits zeigt er sich aber nicht verlegen, den zunehmenden Prunk seines Hofstaats mittels absurd wirkender neuer Abgaben zu finanzieren, die den Juden häufig überproportional auferlegt werden. Die ausgepresste Judengemeinde feiert gleichwohl den absolutistischen Fürsten, wie eine Festschrift aus dem Jahr 1792 beschreibt. Karl Theodor hat damals seinen Hof bekanntlich schon nach München verlegt, als in der Hauptsynagoge zu seinem 50. Regierungsjubiläum *auf Anordnung des hiesigen Juden-Vorstandes* ein festlicher Gottesdienst abgehalten wird.

Im Lauf des 18. Jahrhunderts nimmt die Zahl der in Mannheim ansässigen jüdischen Bevölkerung stark zu. Die in der Stadt wohnberechtigten Juden werden in Karl Philipps Konzession auf 200 Familien festgesetzt. Nach einer Zählung des Jahres 1719 sind es 548 Personen, 1771 schon 1159. Im Anteil an der Gesamtbevölkerung bedeutet dies dennoch ein Sinken von 10,6 auf 5,4 Prozent. Wohnung und Lebensmittelpunkt befinden sich nahe bei den Orten religiösen und gemeinschaftlichen Lebens, das sich hauptsächlich in den heutigen Quadraten C bis J konzentriert. Vermutlich auf diese Tatsache geht der schon in Karl Theodors Konzession gehegte und in den Reihen des Stadtrats um 1800 wieder aufgenommene Plan zurück, die jüdische Bevölkerung nach dem Beispiel anderer Städte in ein ummauertes Ghetto, nur durch wenige Eingänge zugänglich, zurückzudrängen. Ein Vorhaben, das wohl schon seit 1685 existiert, aber letztendlich nicht ausgeführt wird, obwohl Pläne zur baulichen Abtrennung des Stadtviertels aus der Feder von Franz Wilhelm Rabaliatti schon in den Amtsschubladen schlummern.

„Ich habe Dich bei Deinem Namen gerufen"

Einzigartiges Denkmal einer zerstörten Kultur: Grabmal des Lemle Moses Reinganum auf dem Israelitischen Friedhof
Foto: Schwab, StadtA Mannheim, Bildsammlung

Ob am Widerstand der Betroffenen oder mangelndem Interesse, es ist nicht überliefert, warum die Maßnahme scheitert. Möglicherweise am Einfluss finanzstarker jüdischer Handelsleute, die als „Hoffaktoren" im Dienst der Kurfürsten stehen und das unseriöse Finanzgebaren ihrer Gebiete im Hintergrund absichern. So der bekannteste Vertreter dieser jüdischen Oberschicht Lemle Moses Reinganum, Gründer der Klaus-Stiftung, 1666 in Rheingönheim geboren. Er kommt 1687 nach Mannheim und trägt nach vorübergehender Flucht aus der zerstörten Stadt entscheidend zu ihrem Wiederaufbau bei. Die Pacht des kurfürstlichen Salzmonopols markiert den Beginn seines erfolgreichen Geschäftslebens, das durch die Vermittlung zahlreicher finanzieller Transaktionen eng mit dem Bestand der kurfürstlichen Herrschaft verflochten ist. Nach seinem Tod 1726 geht sein Vermögen testamentarisch auf die von ihm selbst im Jahr 1708 gegründete, nach ihm benannte Lemle-Moses-Klaus-Stiftung über.

Allerdings können auch nur wenig mehr als 20 Handelsjuden in Mannheim im Lauf des Jahrhunderts eine gehobene Position am Hof des Kurfürsten erreichen, die Masse der „Schutzjuden" steht gesellschaftlich eher auf einer niedrigen Stufe. Überdies zeugen die vielfachen Aburteilungen jüdischer Räuber und Delinquenten aus Not und Armut davon, dass die sozialen Hierarchien unter den Juden ebenso ausgeprägt sind wie unter ihren christlichen Mitbürgern. Gleichwohl: Im Spannungsfeld zwischen jüdischer Armut und dem Wohlstand einiger weniger Hoffaktoren oder geschäftlich erfolgreicher Juden liegt nach den Gesetzen der Religion und ihrer Gemeinschaft der Nährboden für die Notwendigkeit eines Ausgleichs. Das Aufblühen jüdischer Wohltätigkeit im 18. Jahrhundert manifestiert sich in einer beträchtlichen Zahl sozialer Stiftungen. Auch ein nicht geringer Teil des Lemle-Moses'schen Stiftungsvermögens ist der Wohltätigkeit gewidmet.

„Ich habe Dich bei Deinem Namen gerufen"

Das Zeitalter der Assimilation

Während einerseits die gesellschaftlichen Folgen der Aufklärung und der französischen Revolution auch im Judentum ein starkes Bedürfnis nach Gleichstellung wecken, leiten andererseits die juristischen und verwaltungstechnischen Veränderungen der napoleonischen Zeit einen grundlegenden Zeitenwandel ein, der die Integration sozial und kulturell randständiger Elemente in den Schoß der zunehmend verbürgerlichten Gesellschaft anstrebt. Der neue Landesherr selbst, Karl Friedrich von Baden, gilt als Garant für eine Gleichstellung, besucht er doch anlässlich seines Einzugs in Mannheim am 13. Juni 1803 persönlich einen feierlichen Huldigungsgottesdienst in der Hauptsynagoge. Folgerichtig wendet sich der Vorstand der Landjudenschaft nach Berthold Rosenthal beim Übergang von Teilen der Kurpfalz an Baden mit dringenden Worten an ihn, die *schmähliche Ausschließung der Juden von den Wohltaten der bürgerlichen Gesellschaft aufzuheben, dadurch einer nicht geringen Anzahl Familien ein Vaterland, dem Staate statt verachteter und gedrückter Fremdlinge treue und gute Bürger zu geben.*

In seinen Konstitutionsedikten, vorrangig aber im „Judenedikt" vom 13. Januar 1809 gewährt Karl Friedrich erste Erleichterungen, führt allerdings auch neue Vorschriften ein, wie die Annahme bürgerlicher Familiennamen. Darüber hinaus werden aber auch soziale Bestrebungen der Gemeinden unterstützt, die mit der Einrichtung von Elementar- und Förderschulen den sozialen Aufstieg junger Menschen zu fördern versuchen. Für die ärmeren Volksschichten bedeuten solche Verbesserungen jedoch keine grundlegende Änderung in ihren Lebensverhältnissen, zumal wenn sie kein Bürgerrecht besitzen, es sich um nichtsesshafte Vaganten und reisende Händler handelt. Im Kontrast zu den sich abzeichnenden Liberalisierungen beharrt das strenge Polizeisystem ihnen gegenüber auf den unsicheren Zeiten angemessenen Repressionsinstrumenten. So schreibt ein Großherzoglicher Erlass gegen die *Betteljuden* vom 7. Februar 1807 vor, *solchen fremden, des herumziehenden Lebens auch nur verdächtigen Juden alle bei sich habende, selbst ganz gute Pässe abzunehmen, mit vorschriftsmäßigen Reiserouten auf dem kürzesten Wege von Ort zu Ort über die Gränzen führen zu laßen, die Bestreitung der Fang- und Transportgebühren aus der Baarschaft der befragten Juden, soweit sie hinreicht, zu erheben ...*

Gegenüber Not und Elend der Armen setzt sich der materielle Aufstieg jüdischer Firmen und Geldhäuser zu Beginn des 19. Jahrhunderts fort. Vielfach profitieren sie in ihren geschäftlichen Aktivitäten von den Zeitumständen, bedingt doch die Kriegsführung den Einsatz enormer Finanzmittel, bietet sich der Einsatz finanztechnischen Wissens zur Bewältigung der in dieser Zeit stark gestiegenen städtischen Schulden, zur Verwaltung von Kriegsschuldscheinen und zu ähnlichen Transaktionen an.

Nur wenige Familienhäupter der in einer Liste des Jahres 1809 erfassten 1095 jüdischen Einwohner Mannheims zählen jedoch zu diesen erfolgreichen Geschäftsleuten. Zahlreiche Geschäftsschließungen und Zwangsversteigerungen zeugen vom wirtschaftlichen Ruin vieler kleiner Unternehmungen, nicht selten die Existenzgrundlage jüdischer Bürger. Gleichwohl ziehen sie exemplarisch den Zorn der Verarmten auf sich, wenn es zu einem der zahlreichen Volksaufläufe kommt. Hauptsächlich von Studenten verbreitet, finden im Gefolge der Befreiungskriege 1819 pogromartige Ausschreitungen gegen Juden statt, die bald auch Mannheim erreichen. Mit dem Schlachtruf „Hep, hep" werden jüdische Bürger als Sündenböcke für die zyklisch auftretenden Hunger- und Teuerungskrisen gebrandmarkt. Dagegen wenden sich schon früh Bemühungen führender Mitglieder der jüdischen Gemeinschaft um eine angemessene Stellung im gesellschaftlichen Leben. Wird die Frage nach der vollständigen Emanzipation schon in den ersten Landtagszyklen des neu geschaffenen Großherzogtums thematisiert, so schleppt sich der Vorgang der juristischen Umsetzung jedoch bis in die zweite Hälfte des Jahrhunderts hinein.

Einen Vorkämpfer der jüdischen Emanzipationsbewegung sehen wir im jüngsten Sohn des Bankiers Wolf Hayum Ladenburg, dem 1809 geborenen Leopold Ladenburg. In ihm personifiziert sich das Idealbild des assimilierten Juden, der jüdische und deutsche Kulturtraditionen zu einer Einheit verschmelzen lässt, Assimilation als bürgerliche Emanzipation begreift, als kulturelle Annäherung an das Bildungsideal des aufgeklärten Bürgertums. Nach dem Besuch des Großherzoglichen Lyceums, des heutigen Karl-Friedrich-Gymnasiums, einem Studium der Rechtswissenschaften und seiner Promotion in Heidelberg lässt

„Ich habe Dich bei Deinem Namen gerufen"

Grabmal der Begräbnisstätte von Leopold Ladenburg und seiner Frau
Delphine geb. Picard auf dem Israelitischen Friedhof in Mannheim
Foto: Schwab, StadtA Mannheim, Bildsammlung

29

sich Ladenburg als *Advokat* am Mannheimer Oberhofgericht nieder. 1836 verehelicht er sich mit seiner Nichte Delphine Picard aus Straßburg. Die Persönlichkeit Delphine Ladenburgs verbindet sich trefflich mit dem kulturellen Vermächtnis der vorrevolutionären Zeit, der Befreiung aus den konfessionell geprägten Lebensbahnen. So zeichnet auch Karl Gutzkows Skandalroman *Wally die Zweiflerin* von ihr das Bild einer höchst emanzipierten Frau: *Sie findet keine Reue darin, irgendeines der jüdischen Gebote zu übertreten, von welchen sie den größten Teil gar nicht kannte. Wie originell ist doch ein Mädchen, das den ganzen Bildungsgang christlicher Ideen nicht durchmachte und doch auf einer Stufe steht, welche ganz Gefühl ist, und das so viel Liebenswürdigkeit entwickelt!*

Öffentlich eher im Hintergrund bleibend, aber deshalb nicht weniger einflussreich, und immer wieder die Forderung nach religiöser und staatsbürgerlicher Gleichstellung aufstellend, kann Leopold Ladenburg auf die Unterstützung breiter Kreise vertrauen. Ladenburgs 1833 in Mannheim erschienene Schrift *Die Gleichstellung der Israeliten Badens mit ihren christlichen Mitbürgern* ist ein weiterer Meilenstein im Kampf gegen eine beharrende Ideologie, die mittels teilweisem Ausschluss von Juden aus Gemeindeämtern in den Paragrafen 13 und 30 der ansonsten durchaus fortschrittlichen Gemeindeordnung von 1831 das Rad zurückzudrehen sucht.

Schon 1835 ergeht daher eine Eingabe an die 2. Kammer der Ständeversammlung um Berichtigung dieser Vorschrift, und im April 1844 kann die „Mannheimer Abendzeitung" von einer weiteren Petition der jüdischen Einwohner Mannheims berichten, die um *Gleichstellung* mit den christlichen Religionsgemeinschaften bittet. Während vor allem in Umlandgemeinden wie Schwetzingen oder Ladenburg immer wieder Anzeichen eines latenten Antisemitismus spürbar werden, weitet sich in Mannheim mit dem Aufkommen der freireligiösen Bewegung der Blick in Richtung auf eine allgemeine religiöse Gleichstellung. Die *Israeliten* werden wie selbstverständlich in dieses visionäre Konzept einbezogen. Gleichzeitig stützen führende Politiker des Vormärz in den Verhandlungen des Landtags die Initiativen für Gleichberechtigung, die in der Einrichtung einer Kommission zur Untersuchung der Frage münden. Berichterstatter dieser Kommission ist der Abgeordnete Lorenz Brentano, der Anfang

März 1848 erklären wird: *Der Kampf für die Emancipation der Israeliten ist ein Kampf gegen die Vorurtheile.*

Als die Märzbewegung des Jahres 1848 dann an verschiedenen Orten des Landes in gewalttätige Ausschreitungen gegen die jüdische Bevölkerung ausartet, wettern die Revolutionsführer gegen solche *Entweihungen der Tage der Freiheit.* Eine eindeutige Stellungnahme, die in den Worten gipfelt: *Nur Diener der Reaction oder von ihnen Irregeleitete vermögen zu Judenverfolgungen die Hand zu bieten, wie sie nie ein freies Land, wohl aber der Despotismus kannte.* Im Gegenzug hätte mancher Zeitzeuge gern den Juden die Schuld an den zahlreichen Exzessen der Revolution gegeben. So der ein halbes Jahrhundert später veröffentlichte Bericht, die revolutionäre Stimmung in der Mannheimer Garnison sei im April 1848 aus Geldspenden angeheizt worden, mit denen man die Soldaten im Bierlokal „Prinz Max" *mit Bier, Käs und Brot vollständig freigehalten habe, wozu besonders die Juden das Geld hergaben (Kohn 500 fl.), weil auch sie in den Taumel durch die Vorspiegelung der Emanzipation gezogen wurden.*

Am 16. August 1848 wird mit dem Rechtsanwalt Elias Eller zum ersten Mal ein Jude in den Mannheimer Gemeinderat gewählt, die Wahl nach langem juristischem Gezerre vom Staatsministerium mit Verweis auf den § 16 der Frankfurter Reichsverfassung gar für rechtens erklärt. Damit gelangt erstmals einer der Vorkämpfer jüdischer Emanzipation in das kommunale Gremium. Wegen seines Engagements für die Reichsverfassung im Frühjahr 1849 wird er allerdings bald wieder abgesetzt und vor ein preußisches Standgericht gezerrt. Eine missgünstige, unterwürfige Presse stützt die Anklage und lässt in den Prozess eine spürbar antisemitische Grundstimmung einfließen. Unter dem Druck der politischen Repression muss die Frage der Gleichstellung ein Jahrzehnt lang ruhen.

Ein großes Bauvorhaben steht symbolisch für die aufstrebende Entwicklung der jüdischen Gemeinde Mannheims nach 1850, eine leise, ansonsten nicht von besonders spektakulären Ereignissen geprägte Zeit: der Synagogenneubau, der die nahezu vollständige Integration des jüdischen Bevölkerungsteils deutlich macht, handelt es sich doch bei den beteiligten Architekten um Christen, die in der Formensprache des Bauwerks Stilelemente aus verschiedenen Zeiten zur

Unverkennbar Angehörige des Mannheimer Bürgertums: Porträts des Kunst- und Möbelhändlers Salomon Aberle (1798–1869) und seiner Ehefrau Henriette Aberle geb. Bühl (1791–1871), um 1860
Gemälde in Privatbesitz

„Ich habe Dich bei Deinem Namen gerufen"

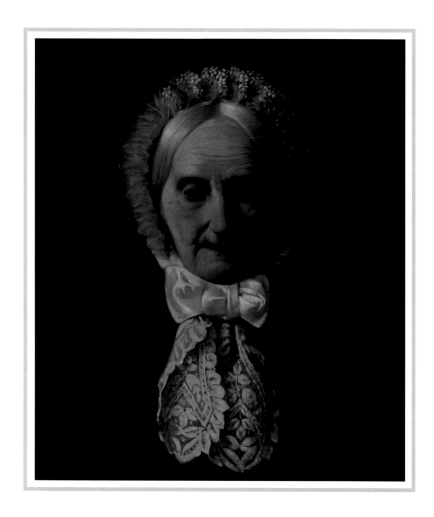

Geltung kommen lassen, mit dem Überwiegen byzantinischer Elemente aber den Willen zur Versöhnung der Kulturkreise signalisieren.

Seit seiner Ankunft in Mannheim im Jahr 1854 wird das Gemeindeleben von der Persönlichkeit des Moses Präger geformt, der trotz seines nur kurzen Wirkens als Rabbiner der liberalen Entwicklung der jüdischen Gemeinde eine neue Dynamik verleiht. Seine gegen vielfachen Widerstand der Orthodoxen eingeführten Neuerungen in der Gestaltung des Gottesdiensts, der synagogale Gesang und die Predigt in deutscher Sprache sind Ausdruck zunehmender Assimilationsbestrebungen in der Mannheimer Gemeinde. Sein Gebetbuch findet überaus rasche Aufnahme in den neuen Gemeinden von Freiburg, Offenburg oder Konstanz. Frauen der Gemeinde richten 1855 eine Petition an den Oberrat, worin sie die reformerischen Bemühungen ihres Rabbiners verteidigen, nicht ohne ihre Genugtuung darüber auszudrücken, *dass jene Zeit hinter uns liegt, wo die jüdischen Frauen und Jungfrauen teils ausgeschlossen von dem allgemeinen Kultus, teils zurückgedrängt hinter Mauer und Gitter, schweigend, duldend, kaum würdig befunden wurden, den Schöpfer mit ihren Männern, mit ihren Kindern gleichmäßig zu verehren.* Geldgeschenke an die Armen zur Weihe des neuen Gotteshauses zeigen, wie dieser Wille zur Einfügung in die freisinnige Gemeinschaft der Stadt mit einer hohen sozialen Kompetenz und dem Bewusstsein der Verantwortung einhergeht.

In den folgenden Jahren kommt jüdischen Kaufleuten, Juristen und Industriellen eine entscheidende Rolle beim Aufschwung von Handel und Wirtschaft zu. Dem entsprechen nun endlich auch die rechtlichen Rahmenbedingungen, nachdem im Jahr 1862 die staatsbürgerliche Gleichstellung der Juden gesetzlich fixiert wird.

Die positive gesellschaftliche Entwicklung im Jahrzehnt vor der Reichseinigung lässt auch den Anteil der jüdischen Bevölkerung in Mannheim ansteigen. Dieser oszilliert nach statistischen Angaben des Verwaltungsberichts aus dem Jahr 1907 in diesem Jahrzehnt dauerhaft um 8 Prozent, macht damit effektiv wenig mehr als 2 000 Personen aus, die sich 1871 auf 3 135 vermehrt haben. Ein Höchststand ist im Jahr 1875 mit 3 853 oder 8,2 Prozent erreicht. Danach wird der Anteil der Juden an der Mannheimer Bevölkerung angesichts der rasanten Zunahme der Einwohnerzahl ständig sinken.

Viele Juden sind als Geschäftsleute erfolgreich, und der Stolz dieser Oberschicht kommt in verschiedenen Ereignissen zum Ausdruck. So werden die für die Ausrichtung eines „nationalen" Schützenfests Ende Juni 1863 benötigten *Geldopfer* aus jüdischen Kreisen bestritten, als der Stadtrat diese Ausgabe ablehnt. *Vorzüglich aber war es die Partei des Fortschritts, welche an diesen Commissionen Anteil nahm, und nach dem religiösen Bekenntnisse die Judenschaft, die dabei große Rührigkeit an den Tag legte. Gelder wurden gesammelt, Wohnungsgeber aufgezeichnet, vor allem aber zu Festgaben aufgefordert.* Unter den Freisinnigen, die sich besonders hervortun, finden wir jenen Elias Eller, der mittlerweile erneut eine herausragende Rolle in der Mannheimer Kommunalpolitik spielt.

Die „freie" Gesinnung ist also unter der jüdischen Bevölkerung weit verbreitet. In der Schulfrage besonders engagiert, plädieren die Juden Mannheims für eine Einführung der Simultanschule. Als Redner auf einer freisinnigen Versammlung gegen die *wandernden Casinos*, Protestversammlungen der katholischen Ultramontanen, erklärt sich Rabbiner Bernhard Friedmann im Februar 1865 *zuvörderst gegen die confessionell gefärbten Schulen, die er ebenso wenig bei den Katholiken, als Protestanten und Juden wolle. Die Schulen seien allein Sache des Staats […] Verschiedene Religionsmeinungen würden bestehen, so lange die Welt bestehe, gerade deshalb verlange er Trennung der Kirche vom Staate und Communalschulen.* Beinahe im Kontrast zu dieser für die damalige Zeit ultraliberalen Gesinnung steht der Blick auf die Heimat der Juden in Palästina, wo in Folge einer Choleraepidemie und durch Heuschreckenplage verursachter Missernten *namentlich die Juden in Jerusalem in große Noth* geraten. Auch in diesem Fall nutzt Rabbiner Friedmann seine Stellung und fordert am 21. August 1865 in seiner Predigt die Gläubigen auf, *durch Liebesgaben zur Linderung jener Noth beizutragen.* Er scheint eine beachtliche Summe zusammenbekommen zu haben.

Macht sich nach der Reichseinigung einerseits der zunehmende Einfluss der jüdischen Oberschicht auch in den städtischen Selbstverwaltungsgremien wohltuend bemerkbar, so beginnt mit dem erstarkenden nationalen Selbstwertgefühl der Deutschen auch die Ausgrenzung der Juden, die entgegen ihrer eigentlichen Rolle – zumal in Mannheim – als fremdes Element verunglimpft

Ansicht der Hauptsynagoge in F 2, 13 kurz nach ihrer Vollendung.
Lithographie von J. Buhl nach L. Lehndorff und L. Lang, um 1855
Reiss-Engelhorn-Museen, Kunst- und Kulturgeschichtliche Sammlungen

Der Innenraum der Hauptsynagoge, Lithographie von M. Autenrieth, um 1860
Reiss-Engelhorn-Museen, Kunst- und Kulturgeschichtliche Sammlungen

„Ich habe Dich bei Deinem Namen gerufen"

werden. Dabei hat doch mancher Mitbürger im deutsch-französischen Krieg für dieses Vaterland seinen Kopf hingehalten, fünf jüdische Mannheimer Veteranen werden in einer Feier des Reichsbunds jüdischer Frontsoldaten im April 1926 noch zu Ehrenmitgliedern ernannt.

Gleichwohl finden sich auch immer wieder Belege für einen latent vorhandenen Antisemitismus, der zumeist eine enge Verbindung mit nationalistischer Gesinnung eingeht. So im Fall der 1871 eingereichten Beschwerde des jüdischen Arztes Samuel Mermann, dessen Sohn Alphons von seinem Lehrer Karl Baumann am Mannheimer Lyceum offensichtlich mit antisemitischen Schimpfworten belegt wurde. Die Beschwerde des Vaters verläuft im Sand. Mit seinem offen zur Schau gestellten Antisemitismus steht Baumann nicht allein, wie 15 Jahre später ein Leserbrief im „Generalanzeiger" aufdeckt: Ausgerechnet die gesangliche Vorbereitung des jüdischen Kindergottesdienstes werde einem Lehrer übertragen, der sich als *notorischer Judenhasser* hervorgetan habe.

Solche Vorkommnisse sind aber nur die örtlichen Begleiterscheinungen eines allgemein einsetzenden politischen und pseudowissenschaftlichen Antisemitismus, der sich im Berliner „Antisemitismusstreit" wie im Wirken des Hofpredigers Adolf Stöcker manifestiert. Während des Reichstagswahlkampfs von 1890 berichtet der „Generalanzeiger", wie Mannheimer und Ladenburger Sozialdemokraten gemeinsam eine in „Bosserts Bierkeller" in Ladenburg stattfindende Veranstaltung der Antisemiten zu sprengen versuchen. Der im Juni 1890 für die Antisemiten als Agitator auftretende Reichstagsabgeordnete Max Liebermann von Sonnenberg kann seine Rede zwar unter Polizeischutz halten, bei seiner Abreise jedoch kommt es auf dem Ladenburger Bahnhof zu Tätlichkeiten zwischen ihm, seinen Anhängern und Gegnern aus den Reihen der Sozialdemokraten, die sich an der nächsten Station seiner Agitationsreise in Heidelberg fortsetzen.

Gleichwohl mündet diese antisemitische Bewegung 1890, aus dem südbadischen Raum über Karlsruhe nach Mannheim kommend, in die Gründung eines antisemitischen Vereins, erscheint hier über Jahre der dezidiert antisemitische „Badische Volksbote" – allerdings unter *schweren Opfern* der Gesinnungsgenossen, wie eine Polemik des „Generalanzeigers" Ende Juni 1898 andeutet. Das antisemitische Schrifttum kursiert auch unter der Schuljugend, wie ein weiterer Vorfall aus dem Jahr 1894 zeigt. Der Beschwerde eines jüdischen Bürgers fol-

Tabakgroßhändler und Mäzen Bernhard Herschel (1837–1905), Stifter des Herschelbads, um 1890
StadtA Mannheim, Bildsammlung

„Ich habe Dich bei Deinem Namen gerufen"

gend, stellt die Direktion des Gymnasiums Untersuchungen über das provozierende Verhalten eines aus Heddesheim mit der Feudenheimer Dampfbahn in die Stadt pendelnden Schülers an. Friedrich Schmidt aus der U II b soll sich während der Bahnfahrt regelmäßig *durch hetzerische Redensarten sowie durch Vorlesen antisemitischer Zeitungen, Broschüren etc. unangenehm bemerkbar* gemacht haben. Ein nicht geringer Teil der Schuljugend scheint sich von den diskriminierenden Ansichten manches Pädagogen infizieren zu lassen. „Spanner" und „Jud" sind die beliebtesten Schimpfworte in den Auseinandersetzungen der Schüler und Straßenjungen.

Einerseits ist die Dynamik der Assimilierung gerade in Großstädten wie Mannheim an einen Punkt gekommen, wo sich die Entwicklung verselbstständigt; es häufen sich die Namensänderungen von Juden, die so den offensichtlichsten Hinweis auf ihre Herkunft zu verbergen suchen. Andererseits hat sich in Baden als Spätfolge der Achtundvierziger-Bewegung ein weitestgehender Grundkonsens über die Toleranz gegenüber der Religionsausübung etabliert, der den Bestrebungen der Antisemiten im Lande kaum Angriffspunkte lässt. *Freisinnig, aber vaterländisch gesinnt*, das ist zeitgemäß, ist Programm der staatstragenden Nationalliberalen, unter ihnen nicht wenige Juden, deren Grundüberzeugung ein Auszug aus einem Leserbrief an den „Generalanzeiger" vom Februar 1890 treffend wiedergibt: *Gegen Anstürme von links und rechts ist die vaterländische liberale Partei die beste Schutzwehr, und wir Israeliten Badens haben allen Grund, vaterländisch zu sein, schon im Hinblick auf den edlen Fürsten, unter dessen weiser Regierung es menschenfreundlichen Räten der Krone und einer aufgeklärten, vorurteilslosen Volksvertretung [...] vergönnt war, die Gleichstellung der Juden in Baden einzuführen.*

In blumigen Worten wird Großherzog Friedrich I. von Baden das Zeugnis toleranter und zeitgemäßer Liberalität ausgestellt, einem Fürsten, der sich rühmt, gestützt auf einen jüdischen Minister und weitere Juden als Ratgeber erfolgreich zu regieren, gar Sympathien für die Gedankenwelt Theodor Herzls hegt. In einem Bericht über das Verhältnis der beiden Männer, den das „Israelitische Gemeindeblatt" im Juni 1934 mit nahe liegenden Absichten veröffentlicht, werden die Hintergründe dieser Freundschaft beschrieben. Schon in einer ersten Unterredung erkennt Großherzog Friedrich *den hohen Schwung in Herzls Gedankenwelt,* äußert Zustimmung zu seinen Plänen, heißt es da. Von öffentlicher Unterstützung hält ihn nur die Furcht ab, missverstanden zu werden. Dagegen betont er immer wieder, *dass er mit seinen Juden außerordentlich zufrieden sei.*

Gleichzeitig ist jedoch Juden der Zugang zum Staatsdienst oder in Militärkarrieren immer noch erschwert, sind auch in Baden jüdische Studenten aus den Verbindungen noch ausgeschlossen. Haben die Juden einerseits die rechtliche Gleichstellung erreicht, so scheitert diese häufig in der gesellschaftlichen Praxis. Weitgehendem Stillstand des Emanzipationsprozesses und einem unverhüllt auftretenden Antisemitismus setzen daher jüdische Kreise 1893 die Gründung des Centralvereins deutscher Staatsbürger jüdischen Glaubens entgegen, eines parteiübergreifenden Verbands, der sich vornimmt, *die deutschen Staatsbürger jüdischen Glaubens ohne Unterschied der religiösen und politischen Richtung zu sammeln, um sie in der tatkräftigen Wahrung ihrer staatsbürgerlichen und gesellschaftlichen Gleichstellung sowie in der unbeirrbaren Pflege deutscher Gesinnung zu bestärken* – so ein Auszug aus dem Programm. Eine Mannheimer Ortsgruppe des Centralvereins wird zeitgleich mit dem Gesamtverband gegründet.

Auch der Zionismus wirbt erste Anhänger, und das zur Jahrhundertwende aufblühende jüdische Geistesleben manifestiert kulturelles Selbstbewusstsein und soziale Verantwortung. Die daraus hervorgehenden Einrichtungen sind zahlreich: Wohltätigkeits- und Frauenverein der nach dem Förderer der Emanzipation benannten August-Lamey-Loge, Jüdischer Diskussionsverein, Verein für jüdische Kultur und Literatur. Eine vollständige Bestandsaufnahme würde den enormen Anteil an der Ausgestaltung städtischen Lebens deutlich machen.

Das ausgehende 19. Jahrhundert ist überdies die Zeit wirtschaftlicher Erfolge, an denen jüdische Geschäftsleute bedeutenden Anteil haben. Am Aufstieg Mannheims zur Handels- und Industriestadt im 19. Jahrhundert sind die Bankhäuser Ladenburg und Hohenemser führend beteiligt. Juden betätigen sich erfolgreich in Handel, Schifffahrt und Industrie und treten in öffentlichen Funktionen hervor. Ein beträchtlicher Anteil heute noch vorhandenen kulturellen Reichtums und weit zurückreichender Traditionen der Wohlfahrtspflege steht in direktem Zusammenhang mit der fördernden Tätigkeit von Persönlichkeiten, die aus dem jüdischen Bürgertum stammen.

„Ich habe Dich bei Deinem Namen gerufen"

Daraus leitet sich auch ihr Anteil an den durchaus systemtreuen bürgerlichen Eliten ab: Beim Ausbruch des Ersten Weltkriegs zeigt sich die jüdische Bevölkerung kaisertreu, stellt Kriegsfreiwillige mehr als jede andere soziale Gruppe. Wenig ist in diesem Zusammenhang spürbar vom Geist der Revolte gegen die bürgerliche Herrschaft, der ihnen von Antisemiten als Grundcharakter angedichtet wird. Auch nach dem bitteren Weltkriegserlebnis findet die angebliche *jüdische Weltverschwörung* nur wenige Anhänger in den Reihen der Mannheimer Juden.

Eine Ausnahmeerscheinung bildet die persönliche Entwicklung eines Moritz Lederer, dessen rassistische Verhöhnung in Friedrich Hupps *Heimatbuch der Stadt Mannheim* wie aus einem Lehrbuch antisemitischer Hetze entnommen wirkt. Lederer, zuvor ein erfolgreicher Fabrikant, erklärt 1917 demonstrativ seinen Austritt aus der Jüdischen Gemeinde wegen deren Unterstützung der Kriegspolitik. Zum Kriegsdienst mobilisiert, entwickelt er sich durch die Fronterfahrung zum überzeugten Antimilitaristen. Sein literarisch gefärbter Einsatz für eine radikale gesellschaftliche Umwälzung schafft ihm in allen Parteien bittere Feindschaften, nicht zuletzt unter den Mannheimer Sozialdemokraten. Gleichwohl: Persönlichkeiten wie Lederer, Intellektuelle, Schriftsteller und die Führer der Arbeiterparteien bilden vor allem die Folie für das Feindbild, mit dem ein dumpfer Nationalismus gegen den gesellschaftlichen Fortschritt mobilisiert werden kann. So darf es nicht wundern, wenn Lederers *Aufruf zur geistigen Revolution* von Hupp als *Geschreibsel* eines *unbekannten Heimatkriegers* gebrandmarkt wird: *Ein Jude, Kameraden, merkt's euch wohl!*

Diese Mannheimer Variante der „Dolchstoßlegende" zeigt deutlich: Der Holocaust findet seine Wurzeln in der Übertragung antisemitischer Denkmuster aus dem 19. Jahrhundert in die neue Zeit. Was in manchen gesellschaftlichen Bereichen an diskriminierenden Praktiken überlebt hat, entwickelt nun in seiner Verschmelzung mit dem völkisch-nationalen Aktivismus ungeahnte Brisanz. Weitere Belege aus Mannheim zeigen, wie Antisemitismus im gesellschaftlichen Alltag wuchert. Im Frühjahr 1920 werden die Schüler Oskar Montag und Gustav Graff mit Verweisung aus dem Karl-Friedrich-Gymnasium bedroht, weil sie ihrem Lehrer Gustav Flehinger im November des Vorjahrs die Fensterscheiben eingeworfen haben. Graff äußert in seiner Befragung durch den Klassenlehrer,

Theodor Kälbermann (2.v.l.) wird 1915 zum Kriegsdienst eingezogen. Nach zweimaliger Verwundung, ausgezeichnet mit EK und Verwundetenabzeichen, befindet er sich von August 1918 bis November 1919 in englischer Kriegsgefangenschaft. Das zweite Foto (S.45, 3.v.l. obere Reihe stehend) zeigt ihn während eines Lazarettaufenthalts im Juli 1917. Im Zivilleben ist er in der Herrenkonfektion tätig, betreibt mit seinem Bruder in Ludwigshafen eine eigene Firma. Im September 1939 gelingt ihm gemeinsam mit seiner Frau die Auswanderung nach New York, wo er sich als Bediensteter und Fahrstuhlführer betätigt. StadtA Mannheim, Bildsammlung

seine Eltern seien Antisemiten. Damit bestätigt sich der Verdacht, dass die beiden Schüler ebenfalls aus antisemitischer Gesinnung heraus aktiv wurden. Die Nachricht darüber verbreitet sich in der Stadt, und die sozialdemokratische „Volksstimme" geißelt den Umstand, dass Graff trotz seiner offen eingestandenen antisemitischen Motive nicht von der Schule verwiesen wird. Kein Einzelfall, wie ein weiterer Fund im Mannheimer „Generalanzeiger" zeigt. Im März 1921 berichtet ein anonymer Leserbrief, dass der *Sohn einer sehr angesehenen Familie* sich als Verteiler antisemitischer Flugblätter missbrauchen lasse. Gerichtsnotorisch wird gar ein Vorfall vom 7. Januar 1922, als eine Gruppe jüdischer Jugendlicher auf den Mannheimer Planken von Schlägern, *darunter der hinlänglich bekannte Zettelverteiler Jansen,* angegriffen wird und sich nur mühsam der Attacke erwehren kann. Schon in den frühen zwanziger Jahren werden die Straßen Mannheims von der Gewalt völkischer Gruppierungen heimgesucht,

„Ich habe Dich bei Deinem Namen gerufen"

während über die angrenzenden Gemeinden und das Reich eine Welle von Friedhofsschändungen hereinbricht.

Dabei nimmt die jüdische Gemeinschaft keine Sonderstellung ein. Sie ist von den Nachkriegsproblemen ebenso betroffen wie die restliche Bevölkerung der wankenden Republik. Während einerseits neue soziale Verbände wie die Jüdische Arbeiterfürsorge Mannheim gegründet (1920) und vorhandene Bestrebungen gebündelt werden, so im 1918 in Karlsruhe gebildeten Bund Israelitischer Wohlfahrtsvereinigungen in Baden (W.B.), steigen die Anforderungen an diese Einrichtungen zusehends aus den verschiedensten Gründen, nicht zuletzt, da *insbesondere das Los der aus dem Osten [...] geflüchteten Glaubensbrüder* die Gemeinden über alle Maßen belastet. Letztendlich gehen auch die Auswirkungen der galoppierenden Inflation nicht an ihr vorüber, selbst an der Ausübung ihrer religiösen Gewohnheiten sind die Gemeindemitglieder gehindert: Wollen sie im Herbst 1922 zu Pessach *Mazzos* bestellen, so werden sie darauf aufmerksam gemacht, *dass sie ihren Bedarf bis längstens 30. November [...] bei den hiesigen Bäckern bzw. Händlern anzumelden und für jedes Pfund 200 Mark alsbald anzuzahlen haben. Der endgültige Preis ist noch nicht festgesetzt. Unter Vorbehalt der Lieferungsmöglichkeit werden die Bäckereien auch vom 1. Dezember [...] an noch Aufträge entgegennehmen, jedoch unter Berechnung eines Zuschlages von 25% auf den noch festzusetzenden Preis für jedes Pfund.*

Auf dem Höhepunkt der Inflationszeit stellt auch das „Israelitische Gemeinde-blatt" unter dem monetären Druck über Monate hinweg sein Erscheinen ein.

Dem Anschwellen des Antisemitismus setzen die Betroffenen eine zuneh-mende Rückbesinnung auf die Gemeinschaft entgegen. Im Februar 1919 wird in Berlin der Reichsbund jüdischer Frontsoldaten (RjF) gegründet, dessen Orts-gruppen Weltkriegsteilnehmer zusammenschließen, mit dem Ziel der Abwehr aller *Angriffe, die auf eine Herabsetzung ihres vaterländischen Verhaltens im Kriege gerichtet sind.* Ein vermutlich aus dem Jahr 1924 stammender Aufruf wehrt sich gegen *krampfhaftes und feiges Bemühen, das Unglück Deutsch-lands auf die Juden abzuwälzen,* und verkündet selbstbewusst: *Wir Juden las-sen uns nach wie vor in unserer Hingebung und Pflichterfüllung gegenüber unserem deutschen Vaterland auch durch das anwidernde Treiben der Deutsch-völkischen nicht entmutigen und nicht irre machen.* Während in Mannheim anlässlich eines Gedenkgottesdiensts im August 1924 über 400 Mitglieder im RjF gezählt werden, sollen reichsweit bis zur zweiten Hälfte der zwanziger Jah-re fast 40 000 Mitglieder in dieser Vereinigung organisiert sein.

Auch die bis dahin eher unpolitischen, aus der Jugendbewegung entstande-nen Verbände jüdischer Jugendlicher schließen sich in einem örtlichen Dach-verband zusammen. Besonders unter der Jugend führt die zunehmende diskri-minierende Stimmungsmache zu einer Rückbesinnung auf die jüdischen Wur-zeln, wie es der langjährige zweite Vorsitzende des Mannheimer RjF Hans Götzl im Dezember 1922 in einem programmatischen Vortrag andeutet: *Das greif-barste der Ziele ist die Erhaltung des Judentums. Vielleicht nie so stark wie jetzt in einer Zeit, da die hasserfüllte Hetze des Antisemitismus graduell einen nie geahnten Höhepunkt erreicht hat, ist uns allen die Erkenntnis gekommen, in welcher Gefahr sich das Judentum befindet.*

Als dann nach wenigen Jahren relativer Ruhe die Wirtschaftskrise gegen Ende der zwanziger Jahre den politischen Aufstieg der NSDAP beschleunigt, verstärkt deren hemmungslose antisemitische Agitation auch den Druck auf die jüdischen Gemeinden und Organisationen. Dabei ist gerade auch die Situa-tion in Mannheim vom weitreichenden Einfluss jüdischer Persönlichkeiten in allen Lebensbereichen geprägt. Entstammen doch bedeutende Kommunalpoli-tiker, Journalisten, Kulturschaffende, Juristen, Ärzte, Lehrer oder Sozialarbeiter,

„Ich habe Dich bei Deinem Namen gerufen"

An

unsere Mitbürger!

Der völkisch-soziale Block und seine Gesinnungsgenossen bekämpfen uns Juden in Flugblättern und Plakaten mit den unflätigsten Worten.

Wir halten es unter unserer Würde, auf die von Lüge strotzenden und von Gehässigkeit eingegebenen Beschimpfungen auch nur mit einem Wort der Widerlegung einzugehen.

Wir haben zu dem gerechten und gesunden Sinn unserer christlichen Mitbürger das Vertrauen, daß sie sich durch das

frivole Treiben

jener Kreise nur abgestoßen fühlen und für deren krampfhaftes und seiges Bemühen, das Unglück Deutschlands auf die Juden abzuwälzen, lediglich Verachtung empfinden.

Wir bedauern es aufs tiefste, daß durch diese

gewissenlosen Hetzer

die so dringend notwendige Einheit im deutschen Vaterland gefährdet wird, daß besonders die Herzen der leicht empfänglichen Jugend verwirrt und vergiftet werden und daß dadurch

namenloses Unglück

über unser Vaterland heraufbeschworen wird.

Wir Juden lassen uns nach wie vor in unserer Hingebung und Pflichterfüllung gegenüber unserem deutschen Vaterland auch durch das anwidernde Treiben der Deutschvölkischen nicht entmutigen und nicht irre machen.

Centralverein deutscher Staatsbürger jüd. Glaubens
Ortsgruppe Mannheim.

Plakat des Centralvereins deutscher Staatsbürger jüdischen Glaubens (CV) mit
Aufruf zur Solidarität gegen den Antisemitismus völkischer Gruppierungen, 1924
StadtA Mannheim, Plakatsammlung

Kinder beim Anzünden eines Chanukkaleuchters, um 1930
StadtA Mannheim, Bildsammlung

„Ich habe Dich bei Deinem Namen gerufen"

Männer wie Frauen, dem Judentum. Ihr Beitrag verleiht den Volksbildungsbestrebungen, sozialem Wohnungsbau, Kranken- und Altenversorgung, Verlagswesen, Theater- und Kulturleben den fortschrittlichen, liberalen Charakter, den wir noch heute mit dem Bild von der *lebendigen Stadt* verbinden.

Während die Glaubensgemeinschaft in Mannheim die anschwellende Hetzkampagne in ihren Publikationen weiterhin eher still übergeht, regt sich in den zur Abwehr gegründeten Verbänden Widerstand. So warnt der Centralverein anlässlich der badischen Landtagswahlen am 27. Oktober 1929 in einer Anzeige vor dem *Gift, das die NSDAP gegen das Judentum verspritzt*, und ruft zum *Abwehrkampf gegen die Kulturschande des Antisemitismus* auf. Eigens zur Bekämpfung der von den völkischen Gruppierungen getragenen antisemitischen Boykottbewegung gegen jüdische Geschäftsleute stellt die Berliner Zentrale des Centralvereins einen Juristen ein, der mit zunehmendem Erfolg Beratung und Widerstand koordiniert. Dass die Nazis auch in Mannheim in dieser Richtung aktiv werden, verrät eine Leserzuschrift an das „Israelitische Gemeindeblatt". Der Brief eines geprellten Geschäftsmanns, der statt einer Werbung für sein Unternehmen seine Unterschrift unter einem Boykottaufruf des „Hakenkreuzbanners" entdeckt, bezeugt die Skrupellosigkeit der nationalsozialistischen Propaganda.

Dennoch: Die tatsächlich drohende Gefahr einer Machtergreifung wird auch von politisch wachen Zeitgenossen unterschätzt. Auf einer Vortragsveranstaltung der Ortsgruppe des Centralvereins in der Lamey-Loge C 4, 12 spricht im Frühjahr 1932 ein Vertreter der Berliner Zentrale über die Bekämpfung des Antisemitismus. Sein Vortrag, vom „Gemeindeblatt" in groben Zügen wiedergegeben, behandelt die psychologischen Momente des Antisemitismus in seiner Geschichte und die Implikationen der „Stürmer"-Parole *die Juden sind schuld an unserem Unglück*. Trotz aller Warnungen vor der *Gefahr der ideellen Vorbereitung zu Pogromen*, scheut der Redner jedoch vor der letzten Konsequenz zurück: *In der kommenden wahrscheinlichen Entwicklung* sehe er *keine unmittelbare Gefahr für das Judentum. Wenn auch eine parlamentarische Regierung durch die Majorität der Extremen für die Zukunft nicht unmöglich erscheint, so hält er doch die Bildung einer nationalsozialistischen Diktatur für sehr unwahrscheinlich.*

Höhepunkt des jüdischen Kulturlebens und Ausdruck der Selbstbehauptung gegenüber dem wachsenden Antisemitismus: Aufführung der Lehrkantate „Licht und Volk" im Musensaal des Rosengartens durch Synagogenchor und Liederkranz; in Bildmitte vorn stehend Kapellmeister Max Sinzheimer mit Taktstock, sitzend der Komponist Hugo Adler, 16. Dezember 1930
StA Mannheim, Bildsammlung

Bis zur physischen Vernichtung – Die jüdische Bevölkerung Mannheims unter dem Nationalsozialismus

Am 6. Januar 1933 titelt das Mannheimer NS-Organ „Hakenkreuzbanner": *Herr Maisch wünscht wieder einen Skandal!* Das angekündigte Gastspiel von Alexander Moissis Berliner Ensemble im Nationaltheater soll den Nationalsozialisten als Anlass zu handfesten Störungen dienen. Die Drohung mit dem inszenierten Volkszorn gilt nicht nur dem *Juden* Moissi, sondern auch dem Intendanten des Theaters Herbert Maisch und seiner *obligatorischen Judenclique.* Für den Griff nach der Macht mit den Mitteln des Terrors soll über das Nationaltheater hinaus wie im ganzen Reich auch in Mannheim 1933 als Jahr der Entscheidung gelten. In Mannheim muss dazu nach Meinung der Nationalsozialisten *Herr Heimerich fallen und mit ihm seine Trabanten. Dann wollen wir die Stadtverwaltung ausmisten, die Bonzenpaläste säubern. Dann wollen wir den jüdischen Banken und ihren Ausbeutern auf die Finger klopfen, damit der Arbeiter und der deutsche Mittelstand wieder aufatmen kann und die Fabriken ihre Tore wieder öffnen können.*

Mit tönernen Phrasen und unverhohlener Androhung von Gewalt sichern sich die Nazis ihre Anhänger unter einer von Arbeitslosigkeit und wirtschaftlicher Depression verängstigten Bevölkerung. Dennoch fällt ihnen der Durchmarsch in Mannheim nicht leicht. Angesichts der Ernennung Hitlers zum Reichskanzler kommt es am 31. Januar 1933 vor dem Arbeitsamt zu handgreiflichen Auseinandersetzungen, bei denen *in Uniform oder mit Abzeichen erschienene Nationalsozialisten verschiedentlich angegriffen* werden, so die „Neue Mannheimer Zeitung". Während sich Berichte über weitere Prügeleien in den ersten Februartagen auf den Seiten der Tageszeitungen häufen, gerät das Moissi-Gastspiel zum erwünschten Skandal, der vorausahnen lässt, was die neuen Herren Deutschlands anstreben. Die Politik der Provokation, die eine vorgebliche Herausforderung des Gegners beantwortet, ist die platt gestrickte Formel, nach der die Nationalsozialisten vorgehen. Im Fall des Theaters ist das Ziel mit der Beurlaubung von Intendant Herbert Maisch und Generalmusikdirektor Joseph Rosenstock am 18. März erreicht.

„Ich habe Dich bei Deinem Namen gerufen"

Zuvor jedoch sammeln sich unter den düsteren Vorzeichen auch Mannheimer Juden zur Gegenwehr. Auf einer von der Ortsgruppe des Centralvereins schon vor der Machtübernahme angekündigten Versammlung zeigen die Vereinsmitglieder durchaus Geschlossenheit und Selbstbewusstsein. Die Veranstaltung findet *unter geradezu beängstigendem Andrang* am 7. Februar 1933 im großen Saal der August-Lamey-Loge in C 4,12 statt, wo angesichts der aktuellen Ereignisse selbst *auf den Galerien jeder Stehplatz, erst recht jeder Sitzplatz vergriffen* ist. Das „Israelitische Gemeindeblatt" berichtet eingehend über die Ansprache von Alfred Wiener, Syndikus des Centralvereins in Berlin. Sein Kommentar *zur politischen Lage* beginnt mit einem Hinweis *auf das vor wenigen Wochen beendete Chanukkafest*, um dann fortzufahren: *Es werde sich jetzt zu erweisen haben, ob die Juden noch etwas von dem alten Makkabäergeiste in sich spürten. Die Gefahr, dass unser religiöses Heiligtum gefährdet, unsere Gleichberechtigung bedroht ist, richte sich deutlicher als je auf. Eine Mauer der Herzen habe sich nach unsern Gegnern hin aufzurichten. Einen Parteienstreit dürfe es nicht mehr geben.* Dem eindringlichen Aufruf zu geschlossenem Vorgehen der jüdischen Vereine und Verbände folgt sodann eine vorsichtig formulierte Einschätzung der *Männer der neuen Regierung* und eine Betrachtung über *die geistigen Hintergründe des Nationalsozialismus*. Ausführlich geht Wiener auch auf die *Schilderung der Kampfesarbeit des CV gegen den Antisemitismus* ein. Mäßiger Optimismus spricht aus der Feststellung, in *Süddeutschland sei die Lage äußerlich wenigstens ruhiger*.

Diese äußere Ruhe währt jedoch nicht lange. Als sich gegen Ende Februar die Demonstrationen der Nazigegner, vor allem der Eisernen Front häufen, greift die Polizeiführung zugunsten der Nazis ein. Polizeipräsident Jakob Bader beschränkt für eine angekündigte Demonstration am 3. März 1933 die Zahl der Teilnehmer auf 1 200, die gleichen Tags zum Fackelzug aufrufenden SA-Formationen erhalten keine derartige Auflage. Unter solchermaßen ungleichen Kräfteverhältnissen bricht der Widerstand schnell zusammen.

Die Wahl am 5. März, überschattet vom Reichstagsbrand und seinen innenpolitischen Folgen, wird zum Auslöser erster reichsweiter antijüdischer Kampagnen, die in Mannheim bereits am 13. März Widerhall finden. Übergriffe gegen jüdische Geschäfte und vor allem Kaufhäuser, denen als *jüdische Ramschbuden* der spezielle Hass der Nazis gilt, erschüttern die Stadt. Im Anschluss an einen Besuch Robert Wagners in Mannheim, der sich offensichtlich weiterer Loyalität der Mannheimer Polizeiführung versichern will, strömt gegen fünf Uhr die Menge der Jubler und Gaffer in die Geschäftsstraßen der Innenstadt zurück, um dort eine erste pogromartige Aktion gegen jüdische Geschäftsleute zu erleben. Während die „Neue Mannheimer Zeitung" vorsichtig die Zusammenhänge benennt, versucht das „Hakenkreuzbanner", den Anteil der Parteigliederungen am vorgeblichen Volkszorn zu bemänteln, und behauptet dreist, dass *unter den Ansammlungen auch kommunistische und sozialdemokratische Elemente beobachtet wurden, die die Gelegenheit für günstig hielten, um hier im Trüben zu fischen, und unter dem Deckmantel einer nationalsozialistischen Aktion zu provozieren und ihre finsteren Pläne zu verwirklichen.* Daher habe sich der wohl als wirklicher Rädelsführer fungierende berüchtigte SA-Standartenführer Hans Otto Feit gezwungen gesehen, die Räumung der Warenhäuser anzuordnen. Einige Kaufhäuser und jüdische Firmen ziehen jedoch die freiwillige Schließung der Plünderung durch den aufgestachelten Mob vor.

Da Judenhass ein wesentlicher Bestandteil der NS-Ideologie ist, wird er als gezielte gesellschaftspolitische Strategie in die Regierungspolitik aufgenommen. Begleitet von politischen und gesetzgeberischen Maßnahmen wird durch die verordnete Boykottaktion gegen jüdische Geschäftsinhaber, Rechtsanwälte und Ärzte am 1. April 1933 mit der systematischen Ausgrenzung der jüdischen Bevölkerung aus der Gesellschaft begonnen. Mit Verboten und weiteren Diskriminierungsmaßnahmen wird die zunehmende Entrechtung vorangetrieben, die auch in Mannheim viele Einwohner zur Flucht aus ihrer Heimat antreibt.

Von besonderer Bedeutung ist das *Gesetz zur Wiederherstellung des Berufsbeamtentums* vom 7. April 1933, mit dessen Formulierungen neben der Entlassung missliebiger Personen aus dem öffentlichen Dienst auch zunehmend Einfluss auf andere Bereiche ausgeübt wird. Die Verdrängung der Juden gelingt allerdings vorerst hauptsächlich dort, wo so genannte nichtarische Personen im Sinne des Gesetzes in gesellschaftlich exponierten Stellungen tätig sind: Säuberungen unter der Ärzteschaft und in den Rechtsberufen, Hetzartikel gegen Persönlichkeiten wie Max Hachenburg, die „Arisierung" des Vorstands der Handelskammer. Daneben werden aber auch „Judenfreunde" Ziel solcher

„Ich habe Dich bei Deinem Namen gerufen"

Sportliche Leistung wird der gesellschaftlichen Diskriminierung entgegengesetzt:
Zweite Fußballmannschaft des Bar Kochba gegen die Auswahl des RjF Mannheim, 1933
StadtA Mannheim, Bildsammlung

Kampagnen. Bereits 1933 hetzt das „Hakenkreuzbanner" auch gegen den Betreiber des Herweck-Bads – mit erheblicher Fernwirkung.

Neben dem beharrlichen Willen zum Widerstand kennzeichnen zwei Arten
der Reaktion sehr gut die Lage. Einerseits macht sich ein starker Drang nach
gesellschaftlicher Anerkennung, mit Hinweisen auf einstige Verdienste und
aktuelle Leistungen geltend. Ein Indiz dafür ist der starke Zustrom an Mitgliedern bei den beiden Zweigvereinen der jüdischen Sportbewegung: *Wir jüdischen Sportler werden zeigen, dass wir, auf eigene Füße gestellt, wohl in der
Lage sind, nach jeder Richtung hin, auf unserem Gebiete Ordentliches zu leisten.
Auf die Dauer kann uns die Achtung und die Anerkennung unserer Umwelt
nicht versagt bleiben.* Im Kontrast dazu lässt die Neigung zur Auswanderung
das Interesse an der Arbeit der Zionistischen Ortsgruppe steigen, wie Berichten

des „Israelitischen Gemeindeblatts" zu entnehmen ist: *Der große Besuch, den wir bei unsren letzten Veranstaltungen mit großer Freude feststellen konnten, lässt eindeutig erkennen, daß sich die Zionistische Ortsgruppe Mannheim immer mehr als gesellschaftlicher Mittelpunkt für jüdische Arbeit herausgebildet hat.*

Die Rückbesinnung auf ihre jüdischen Wurzeln weckt vor allem bei jungen Menschen ein steigendes Vertrauen in den Zionismus und die Ablehnung der Assimilationsbestrebungen ihrer Elterngeneration. Sie entdecken jenseits der Verachtung und Verfolgung ein neues Selbstbewusstsein und die Institutionen der Gemeinde, vor allem das Jüdische Lehrhaus, werden intensiv genutzt, um eine neue Existenz im Gelobten Land vorzubereiten. Das Erlernen der hebräischen Sprache steht hoch im Kurs, ebenso handwerkliche und landwirtschaftliche Ausbildungen, die zur Behauptung unter den Siedlungsbedingungen in Palästina befähigen sollen.

Als *klare und eindeutige Konsequenz aus der Entwicklung der letzten Monate* fasst Mia Neter Ende 1933 im „Israelitischen Gemeindeblatt" die mit dem Schlagwort *Berufsumschichtung* benannten Bemühungen zusammen, mit denen vor allem die Jugend um eine Lebensperspektive für die Zukunft kämpft, *und es ist nicht zuletzt der Gedanke an den Aufbau Palästinas, der jeder Arbeit im Handwerklichen nicht nur einen beruflichen, sondern auch einen jüdischen Sinn verliehen hat.*

So folgt auf die spontane Flucht der ersten Monate, die oft nur ein angrenzendes europäisches Land zum Ziel hat, eine wachsende Abwanderung häufig junger Menschen hauptsächlich nach Palästina, welche die Zahl der jüdischen Einwohnerschaft in Mannheim schon bis zum Jahr 1935 auf etwa 5 500 zurückgehen lässt. Gleichzeitig verschiebt sich die Alterspyramide in Richtung Überalterung: *Mehr Särge als Wiegen* überschreibt der Arzt Sigmund Bruchsaler eine seiner im „Gemeindeblatt" veröffentlichten Studien.

Unter dem wachsenden politischen Druck wollen sich die auf kulturellem Gebiet wirkenden Vereine in einer Arbeitsgemeinschaft der jüdischen Vereinigungen Mannheims zusammenschließen. Am 30. November 1933 findet eine erste Zusammenkunft statt, die weitere Aufgaben einem geschäftsführenden Ausschuss überträgt. Darüber hinaus wird ein regionaler Zusammenschluss der

„Ich habe Dich bei Deinem Namen gerufen"

jüdischen Kultur-Organisationen angestrebt, die Föderation aller jüdischen Kulturverbände in Deutschland als wünschenswert angesehen. Hinter dem verbreiteten Wunsch nach kultureller Zerstreuung droht das Problem der Finanzierung leicht zu verschwinden. Der als Folge rassischer Diskriminierung steigende wirtschaftliche Druck auf die Verbände wie ihre Mitglieder droht das blühende Kulturleben zu ersticken. Dennoch bildet sich auch in Mannheim eine eigenständige kulturelle Bewegung heraus. Nach dem Verlust des traditionsreichen Vereinshauses in E 5,4 gelangt der Liederkranz als Mannheimer Zweigverein des Jüdischen Kulturbunds in den Besitz eines eigenen, etwa 500 Personen fassenden Saals mit kleiner Bühne in Q 2,16. Im November 1936 bietet er seinen Mitgliedern eine erste Opernaufführung. Unter Leitung von Max Sinzheimer werden vor ausverkauftem Haus Pergolesis Opera buffa *La serva padrona* (Die Magd als Herrin) und Mozarts Singspiel *Bastien und Bastienne* gespielt. Im März 1937 kommt Glucks Oper *Orpheus und Eurydike* zur Aufführung. Mit Ausnahme des Orpheus, der von Paula Salomon-Lindberg gesungen wird, sind alle Rollen mit Mitgliedern des Liederkranzes besetzt.

Trotz dieser Publikumserfolge ist davon auszugehen, dass auch in Mannheim viele Juden den Bemühungen um geistig-kulturelles Zusammenrücken fernbleiben, geht doch das Ausmaß der noch bevorstehenden Entwicklungen über jegliche menschliche Vorstellungskraft hinaus. Andererseits droht die euphorische Gemeinschaftsstimmung an den auftauchenden Widersprüchen zu zerfasern. Die häufig gestellte Frage, wie denn der „jüdische" Charakter eines Kunstwerks zu definieren sei, vertieft ein Kritiker am Beispiel einer im März 1937 stattfindenden Ausstellung des jüdischen Museums in Berlin über *Das jüdische Plakat*. Er hält einen solchen Titel *für verfehlt*, denn nach seiner Meinung sei *eine von einem Juden entworfene Schuh- oder Putzmittelreklame noch lange kein „Jüdisches Plakat". Man hätte die Ausstellung sinngemäß etwa „Juden als Plakatkünstler" nennen können.*

Im Nachhinein wirken solche Problematisierungen natürlich in ihrem hilflosen Selbstbewusstsein absurd, hält doch das System seinen herausgedeuteten Hauptfeind weiterhin im eisernen Würgegriff. Dem allgemeinen Eindruck der Verharmlosung, der nicht selten in Berichten über die Mannheimer Ausformung des Nationalsozialismus durchscheint, ist daher deutlich zu widersprechen.

Macht sich doch gerade Carl Renninger, nach der gewaltsamen Absetzung Hermann Heimerichs zum kommissarischen Leiter der Stadtverwaltung ernannt, sodann von den Nazis zum Oberbürgermeister gekürt, von Anfang an als glühender Antisemit bemerkbar, wie schon Hans-Joachim Fliedner in seiner Studie belegt. *Jud bleibt Jud* ist die stehende Wendung, die ihm in den Mund gelegt wird. Womit auch das geistige Niveau der neuen Herren beschrieben ist: auf der Höhe der Gassenjungen, gemein und brutal.

Die schon beschriebenen Szenen in den Warenhäusern Mannheims am 13. März 1933, von der Parteiführung verleugnet, von den Sicherheitsbehörden stillschweigend geduldet, sind nur der Anfang einer langen Reihe von Demütigungen und Überfällen, die Juden in Mannheim von da an zu erdulden haben. Von den örtlichen Parteigliederungen in Szene gesetzt, vertiefen Verfolgungs- und Diskriminierungsmaßnahmen die barbarische Politik. Handgreifliche Gewalt wird zum Alltag der Opfer. Vor Frauen und Kindern, Gebrechlichen und Kranken machen die Aktionen der NS-Schergen nicht Halt. Eine zahllose Reihe von Beispielen belegt dies. Die pogromartige Vertreibung der Badegäste aus dem Herweck-Bad im Sommer 1935 ist nur einer der vielen Vorfälle, kann sich in seiner brutalen Rohheit mit ähnlichen Übergriffen im Deutschen Reich Adolf Hitlers durchaus messen.

Einen beklemmenden Meilenstein in der Entwicklung der Rassendiskriminierung bilden die im September 1935 erlassenen Nürnberger Gesetze. Hilflos wirkt dagegen ein von der Pressestelle der Reichsvertretung der deutschen Juden im „Gemeindeblatt" veröffentlichter und seitens der Mannheimer Jüdischen Gemeinde durch Rabbiner Max Grünewald gebilligter Appell, der auf der Basis der schändlichen Paragrafen des jegliche Menschenwürde missachtenden Machwerks einen illusorischen Kompromiss sucht: Die Gesetze sollten wohl *eine Ebene schaffen, auf der ein erträgliches Verhältnis zwischen dem deutschen und dem jüdischen Volke möglich ist. Die Reichsvertretung der Juden in Deutschland ist willens, hierzu mit ihrer ganzen Kraft beizutragen. Voraussetzung für ein erträgliches Verhältnis ist die Hoffnung, dass den Juden und jüdischen Gemeinden in Deutschland durch Beendigung ihrer Diffamierung und Boykottierung die moralische und wirtschaftliche Existenzmöglichkeit gelassen wird.*

„Ich habe Dich bei Deinem Namen gerufen"

Dem entgegen steht eine Realität, die den Vernichtungswillen der Machthaber schon deutlich entlarvt. Ein Bericht über die Arbeit des jüdischen Hilfsvereins verrät, dass im Winter 1935/36 erneut die Not der noch in Deutschland verbliebenen jüdischen Bevölkerung krass ansteigt. Die zu ihrer Bekämpfung neu gegründete Jüdische Winterhilfe betreut im Monat Dezember 1935 in Mannheim 760 Personen, eine Zahl, die im Januar 1936 bereits so ansteigt, dass schätzungsweise ein Fünftel bis ein Sechstel der Mitglieder der Jüdischen Gemeinde unterstützt werden muss.

Als im Sommer 1938 die alte jüdische Begräbnisstätte in F 7 aus dem 17. Jahrhundert, ein einzigartiges kulturhistorisches Denkmal, Opfer der aggressiven Ignoranz der Nazis wird, ist Oberbürgermeister Renninger vehementer Befürworter der barbarischen Tat: Der Friedhof wird völlig geschleift, die alten Grabsteine zerschlagen, mit den Bruchstücken werden Straßen geschottert und die aufgefundenen Gebeine in eine Grube auf dem 1842 angelegten neuen jüdischen Friedhof über dem Neckar geworfen. Im gleichen Sommer beschließt der Stadtrat die Umbenennung des nach seinem großzügigen Mäzen benannten Herschelbads in ein völkisch bereinigtes städtisches Hallenbad. Einen vorläufigen Höhepunkt findet die Entwicklung am 10. November 1938, als Mitglieder nationalsozialistischer Parteigliederungen – hauptsächlich der SA zugehörig – reichsweit jüdische Einrichtungen zerstören, plündern und brandschatzen. Auch Privatwohnungen werden an diesem Tag nicht verschont - eine erneute Steigerung der zahlreichen kleinen Demütigungen, der unrechtmäßigen oder nur notdürftig legitimierten Besitzwechsel vorangegangener Jahre. Die Mordopfer unter den zahlreichen in die Konzentrationslager verschleppten jüdischen Männern lassen letzte Illusionen schwinden. Wer jetzt noch Geld und die Kraft zur Auswanderung hat, flieht ins Ausland.

Nur wenig mehr als 2 000 Menschen, etwa ein Drittel der ehemaligen Stärke, umfasst die jüdische Gemeinschaft, als die gemeinsame Aktion der Gauleiter Josef Bürckel und Robert Wagner anläuft. Am 22. Oktober 1940, das Alhambra-Kino zeigt gerade den volksverhetzenden Film *Jud Süss* von Veit Harlan in der zweiten Woche, leiten diese beiden Männer in ihrem Herrschaftsgebiet eine neue Phase der Vertreibungspolitik gegen die jüdische Bevölkerung ein. Völlig überraschend für die Betroffenen erscheinen am Morgen Angehörige der Ge-

Blick in die Ruine der Mannheimer Synagoge, um 1945
Foto: Roden, StadtA Mannheim, Bildsammlung

„Ich habe Dich bei Deinem Namen gerufen"

stapo, der Gendarmerie oder auch Hilfspolizisten vor ihren Wohnungen und befehlen ihnen, sich für den Abtransport fertig zu machen. Mitgenommen werden dürfen 50 kg Gepäck und 100 RM für eine erwachsene Person.

Kein Zeitungsbericht schreibt im Oktober 1940 von den spurlos verschwundenen Mitbürgern. Bis heute fehlt eine zufrieden stellende Deutung dieser Lautlosigkeit, mit der am Ende einer langen Kette von Quälereien und Terrormaßnahmen die noch in Mannheim lebenden Juden in einem neuerlichen Gewaltakt aus der Stadt verbracht werden.

Mit der Bahn beginnt eine Fahrt in mehrtägiger Odyssee durch Frankreich. Das besiegte Land soll die aus ihrer Heimat Vertriebenen aufnehmen. Die von der Anmaßung völlig überraschten französischen Behörden reagieren bestürzt und suchen in aller Eile nach einer Unterbringungsmöglichkeit. Die findet sich binnen weniger Stunden in den mittlerweile nur noch spärlich belegten Barackenlagern, die nach dem Zusammenbruch der spanischen Republik im Frühjahr 1939 zur Unterbringung von Hunderttausenden von Flüchtlingen angelegt wurden. Bei der Ortschaft Gurs am Rande der Pyrenäen befindet sich eines dieser Lager. Von spanischen Republikanern selbst errichtet, diente es einen Sommer lang als provisorische Unterkunft und wurde nach dem Ausbruch des Zweiten Weltkriegs von der französischen Regierung erneut als Internierungslager für alle die genutzt, die als nicht erwünscht galten und der Sympathie mit dem Feind verdächtigt wurden. Nach über einjähriger wechselnder Einquartierung sind die für eine kurzzeitige Nutzung gedachten Baracken in einem erbärmlichen Zustand. Zusammen mit der Witterung, schlechter Ernährung und einem häufig schon angegriffenen Gesundheitszustand der überwiegend älteren, heimatlos gewordenen Menschen führt dies dazu, dass viele schon im ersten Winter entkräftet sterben.

Gurs – dem französischen Dichter Louis Aragon wird das Wort zugeschrieben, der Name dieses entlegenen französischen Dorfs klinge wie ein *Schluchzen, das die Kehle nicht verlässt*. In den kalten zugigen Baracken, unter unsäglichen hygienischen Bedingungen vegetieren die Menschen dahin, sind dem rauen Klima am Fuß der Pyrenäen schutzlos ausgeliefert. In zahlreich erhaltenen Zeugnissen der Internierten werden die unhaltbaren Zustände beschrieben. Eine wissenschaftliche Untersuchung beziffert die Zahl der Sterbefälle unter den De-

Fünf Ansichten vom Lager Gurs in Handzeichnungen von Lili Strauß geb. Schweizer: Blick über die Baracken, Innenansicht einer Baracke, die Toilettenanlagen, Wasserstelle und Küche. Frau Strauß wird 1942 nach Auschwitz verschleppt und dort ermordet
StadtA Mannheim, Bildsammlung

portierten aus Baden auf 820 Personen von etwas mehr als eintausend Opfern insgesamt. Solch karge statistische Angaben sagen zwar wenig über die sich dahinter verbergenden menschlichen Schicksale aus, aber sie beschreiben in kürzester Form Verhältnisse, für die Sprache kaum angemessene Worte finden kann. Und dennoch findet dieses Prinzip Gurs, das die Vernichtung des Lebens in der natürlichen Auslese der Schwächsten sucht, noch eine Steigerung, ist es doch für viele Überlebende nur der Vorhof zu einer Hölle, die sie in den folgenden Jahren in Auschwitz, Treblinka oder Majdanek kennen lernen: denn dort

werden sie ermordet. Auch dieses Schicksal kann in eine Zahl gefasst werden: Von über 2400 in die Vernichtungslager des Ostens verschleppten badischen Juden überleben lediglich 15.

Obgleich nun bis auf alte und kranke sowie mit nichtjüdischen Partnern verheiratete Menschen fast alle Juden aus Mannheim vertrieben sind, macht die Verfolgung auch vor diesen Wenigen nicht halt. Neun weitere Deportationen sind bis 1945 nachweisbar, ab 1942 auch direkt in die Vernichtungslager. Noch am 14. Februar 1945 werden von der Gestapo in einer letzten Aktion 49 so genannte Nichtarier nach Theresienstadt abtransportiert, zum Arbeitseinsatz, wie es heißt. Mancher der Aufgerufenen taucht unter, so der einstige Stadtsyndikus und spätere Oberbürgermeister Mannheims Fritz Cahn-Garnier, der die folgen-

Die Begräbnisstätte im Lager Gurs, wo mehr als 1000 Menschen an Hunger und Entkräftung starben, um 1950
StA Mannheim, Bildsammlung

„Ich habe Dich bei Deinem Namen gerufen"

den Tage bis zur Befreiung Mannheims in einem Heidelberger Versteck zubringt. Dem vermeintlich sicheren Tod entgehen allerdings auch nahezu alle zuletzt Deportierten, als das NS-System wenige Tage später zusammenbricht. Ein Glück für die Betroffenen, denn noch in den letzten Tagen seiner Existenz hält der Nationalsozialismus bedingungslos an seinem Plan der restlosen physischen Vernichtung des Judentums fest. Stadthistoriker Friedrich Walter, über seine Ehefrau selbst davon betroffen, weiß zu berichten: *Noch im März [...] beweisen Vorladungen und Nachprüfungen der Gestapo, dass Fortsetzung der Aktion gegen die Mischehen beabsichtigt ist.*

Gleichwohl gibt es Überlebende, die unter Mithilfe von Nazigegnern oder auch nur menschlich denkender Bekannter oder Nachbarn in den Trümmern der bombengezeichneten Stadt überleben konnten. Moritz Lederer, der die zwölf Jahre dauernde Zeit der Diktatur auf abenteuerlichen Wegen durchmaß, sich in ständiger Bewegung von einem Fluchtpunkt zum anderen befand, beschreibt eindrucksvoll das rastlose Leben in allgegenwärtiger Furcht vor der Entdeckung seiner wahren Identität, als letzten Ausweg *jahrelang ein Röhrchen Veronal und eine scharfe Rasierklinge bei Tag und Nacht parat* haltend. Am Ende zieht der *Volljude* Lederer eine ernüchternde Bilanz: Seine Mutter Johanna, *das lachende Hannche,* ist am 4. Dezember 1940 im Alter von 76 Jahren in Gurs verstorben, *weitere 34 Familienmitglieder* hat er *durch Gas-Mord im KZ verloren.*

Es ist bekannt, dass dieses dunkle Kapitel der deutschen Geschichte erst mit der Zerstörung der deutschen Städte und der vorläufigen Zerschlagung eines deutschen Nationalstaats ein Ende fand. Auch Mannheim, die Stadt höfischen Glanzes der Kurfürstenzeit, die heimliche Hauptstadt einer im Vormärz und der Revolution keimenden deutschen Demokratie, die Stadt des wirtschaftlichen Aufbruchs der Jahrhundertwende und die *lebendige Stadt* der zwanziger Jahre – Mannheim – auch diese Stadt hat einen hohen Preis für die Barbarei der Nationalsozialisten bezahlt.

Bestandsaufnahme –
Das große Schweigen nach der Katastrophe

Der Neubeginn kommunaler Selbstverwaltung nach 1945 wird alsbald eingeholt von den Folgen der letzten Deportation, denn die nach der Befreiung in Theresienstadt festsitzenden Opfer rufen in einer Eingabe vom 2. Juni 1945 um Hilfe. Den Bedingungen der russischen Standortkommandantur entsprechend bitten sie um Rücksendung eines ausgefüllten Antrags, der ihrem Schreiben beigelegt ist, und regen an, vorsorglich die Transportmöglichkeiten für *55–60 Personen mit Gepäck* schon einmal zu sichern. Zu den vier Unterzeichnern der Bitte, alles daran zu setzen, um die Mannheimer auf schnellstem Wege zurückzubringen zählt auch Alfred Frey, der spätere Gemeindevorsitzende. Wenige Monate später ruft Frey in der „Military Government Gazette" alle *Einwohner Mannheims, die der jüdischen Religion angehören,* auf, sich am 22. August 1945 in Mannheim E 7, 24 registrieren zu lassen. Doch erst am 8. März 1946 – so der ehemalige Gemeindevorsitzende Fritz Mayer - wird in R 7, 24 ein Betsaal eröffnet, selbst dieses Datum ist nur aus der Erinnerung zu rekonstruieren. Festgehalten haben es die Gemeindemitglieder nicht, obwohl sie bis dahin etliche Mühe darauf verwenden mussten, über Monate hinweg ihre Andacht an verschiedenen Orten, unter anderem im zerstörten Handelskammergebäude in L 1, 2 zu halten. Viele fahren auch in die von amerikanischen Besatzungstruppen eingerichtete Synagoge nach Heidelberg. Schließlich finden sie sich im Gebäude R 7, 24 zusammen, das schon vor 1933 in jüdischem Besitz war und damals als Waisenhaus diente.

Die Bilanz des zwölfjährigen Wütens nationalsozialistischer Herrschaft lässt sich am sinnfälligsten in Zahlen verdeutlichen. Während Sigmund Bruchsaler im Jahr 1933 in Mannheim 6 509 Glaubensjuden registriert, beziffert sich die Jüdische Gemeinde in ihren Nachkriegsanfängen laut Mitgliederkartei auf höchstens 160 Seelen, eine Zahl, die darüber hinaus hauptsächlich dem Zuzug von außerhalb zu verdanken ist.

Dieser Neuanfang der Jüdischen Gemeinde vollzieht sich weitgehend unter Ausschluss der Öffentlichkeit, die keine Notiz zu nehmen scheint. Die Menschen

„Ich habe Dich bei Deinem Namen gerufen"

sind weitgehend mit ihrem eigenen Überleben beschäftigt, der alltägliche Kampf um die kargen Rationen der Nachkriegszeit lässt nur wenige zurückblicken auf die Ursachen ihres Elends, ganz zu schweigen von Mitgefühl und Hilfe für die überlebenden Opfer der Barbarei. Der Hintergrundbericht von Fritz Wecker konstatiert: *Die Fürsorge für die bisher zurückgekehrten Juden ist schlecht. Sie fordern keine Privilegien, aber es ist nicht richtig, dass mittellose jüdische Bürger von der Fürsorge nur die Miete erhalten, sonst nichts! Bis jetzt konnte keiner der in Mannheim ansässig gewordenen Juden wieder in den Besitz seines Vermögens gelangen. Auch dann nicht, wenn diese Vermögenswerte noch erhalten sind. Selbst das Anwesen, an dem die Synagoge untergebracht ist, gehört laut Grundbuch der Stadt.*

Lange Jahre ragen die Ruinen der von den Nazis zerstörten und vom Bombenkrieg beschädigten Synagoge als mahnendes Menetekel in den Himmel der Stadt. Die Eigentumsverhältnisse am ehemaligen Gemeindevermögen bleiben vorerst offen. Eine beträchtliche Zahl der Liegenschaften ist in städtische Hand übergegangen, deren weitere Verwendung bleibt zunächst ungeklärt. Welche Schwierigkeiten aus der unübersichtlichen Lage entstehen können, zeigt ein behördlicher Schriftwechsel, der bezüglich des Grundstücks F 7, 1-2 geführt wird und die Frage behandelt, dass in einer Ecke des ehemaligen Friedhofs noch Gebeine aus unvordenklichen Zeiten beerdigt liegen. Nachdem sich der Betreiber eines dort angesiedelten Schrottplatzes durch diesen Umstand gehindert sieht, einen Keller ausheben zu lassen, bietet die Stadtverwaltung der Ansprüche auf das Gelände erhebenden JRSO (Jewish Restitution Sucessor Organization) an, für eine den jüdischen Bestattungsritualen entsprechende Umbettung zu sorgen. Im Ergebnis kommt es jedoch im Jahr 1959 zu einem weit pietätloseren Akt. Die zu Ausschachtungsarbeiten anrückenden Baggerführer werden in schlichten Worten angewiesen, *evtl. Gebeine einstweilen zu verwahren und die Friedhofsverwaltung telefonisch um Abholung zu ersuchen.*

Der Sorglosigkeit, mit welcher hier vorgegangen wird, entspricht der Befund eines unter der Oberfläche weiter existierenden Antisemitismus, wie ihn Fritz Wecker in seinem aufrüttelnden Aufsatz vom Februar 1947 im „Mannheimer Morgen" beschwört: *Von den Wirren in Palästina nimmt die bösartige Sturheit mit Wonnegrunzen Kenntnis. Die Judenpogrome in Polen schaffen über die*

Blick über das Gelände des jüdischen Friedhofs in F 7, um 1955.
Im markierten Bildbereich werden damals noch die Gebeine
Verstorbener aufgefunden
StadtA Mannheim, Bildsammlung

Oder-Neiße-Grenze hinweg merkwürdige Sympathien der schlechten Gesinnung. Der Funke glüht unter der Asche. Dies ist die Wahrheit!

Ein Zeichen setzt nach dem Krieg die erste freie Oberbürgermeisterwahl, in welcher Fritz Cahn-Garnier, der die Verfolgungsmaßnahmen unter abenteuerlichen Umständen überstanden hat, am 1. Februar 1948 zum Stadtoberhaupt gewählt wird. Seine Amtsführung wird allerdings schon bald durch seinen unerwarteten Tod beendet. Der Nachfolger Hermann Heimerich jedoch knüpft in kleinen symbolischen Gesten an seinen Vorgänger an: In der Verleihung der Ehrenbürgerwürde an den Juristen Max Hachenburg und den ehemaligen Präsidenten der Handelskammer Richard Lenel am 18. Oktober 1949 klingt der Wille nach Wiedergutmachung an, waren doch beide nur mit knapper Not der Vernichtung entgangen. Gleichwohl: Allzu deutliche Worte werden bei solchen Gelegenheiten vermieden, die Symbolkraft einer solchen Ehrung wird selten beschworen.

Zentraler Bestandteil der Strategie der Versöhnung unter Oberbürgermeister Heimerich ist die Aufstellung eines ersten Denkmals für die Mannheimer Opfer des Nationalsozialismus und des Weltkriegs. Besteht einerseits eine der vordringlichsten Aufgaben der Nachkriegszeit im Sichtbarmachen des Terrors und in der Ahndung der von den Nationalsozialisten begangenen Verbrechen, so überlagert in der geistigen Aufarbeitung dieser Hinterlassenschaft etwa ab 1950 die Versöhnung über den Gräbern aller Opfer als bestimmendes Leitmotiv den Versuch der Wiedergutmachung und Ansätze der Reue. Folgerichtig muss der aus dieser Zeitstimmung heraus entstandene *Todesengel* eine dem Ziel des versöhnenden Gedenkens angemessene Symbolik verwenden. Die von Gerhard Marcks geschaffene Plastik zeigt in streng stilisierter Form einen emporschwebenden Engel mit ausgebreiteten Armen: ein Motiv mit stark christlichreligiöser Gewichtung also, das aus altpersischer Mythologie stammt und die Mahnung an menschliche Vergänglichkeit anklingen lässt. Die Aufstellung des Denkmals wird von Heimerich gegen alle Widerstände und viele Bedenken durchgesetzt. Am 16. November 1952 wird die Plastik, hinter der an der Wand das Motto *Es mahnen die Toten* zu lesen ist, in Anwesenheit von Bundeskanzler Konrad Adenauer eingeweiht. Während Adenauer seine kurze Ansprache sehr allgemein hält, listet Heimerich die Gruppen der Opfer auf, derer mit der

Der „Todesengel" von Gerhard Marcks, heute als „Friedensengel" bekannt, wird am 16. November 1952 in Anwesenheit von Bundeskanzler Konrad Adenauer eingeweiht. Am Sockel links unten ist der von ihm niedergelegte Kranz mit der Inschrift „Der Bundeskanzler" zu sehen.
StadtA Mannheim, Bildsammlung

Gedenkstätte bei der Jesuitenkirche gedacht werden soll. Er benennt unter ihnen auch die Juden, die *in der Vergangenheit für das wirtschaftliche und vor allem auch für das kulturelle Leben unserer Stadt eine große Bedeutung* hatten und *in besonderem Maße das Opfer der Nazizeit* wurden. Doch auch er überlässt es, wie alle anderen Redner, dem aus Karlsruhe angereisten Landesrabbiner Raphael Geiss als Vertreter der Juden, den Maßstab im Sinne des Faktischen zurechtzurücken. Vorausschickend, dass nicht *Hass und Groll* ihn leite, führt Geiss die Realität des Holocaust in die Feier ein: *Es ist etwas anderes, ob man im Kampf von Mann zu Mann stirbt, ob man bei einem Luftangriff ums Leben kommt oder ob man ein Ende in den Gaskammern des Ostens findet. Und auch das ist noch ein Unterschied, ob man sich irgendwo ein Grab denken kann oder ob es nirgends auf dieser Welt ein Grab mehr gibt, wohin liebende Gedanken pilgern können.*

Während die Traditionsvereine ehemaliger Wehrmachtsangehöriger der gemeinsamen Feier fern bleiben und fortan auf dem Hauptfriedhof ihre eigene Veranstaltung abhalten, gewinnt das neue Denkmal an seinem zentral gelegenen ersten Standort dennoch eine zunehmend wichtige Funktion im Gedenken an die Schrecken der Nazizeit. Allein schon die Aufstellung an der Ecke zur „Kalten Gass" in B 4, im Schatten der Jesuitenkirche und gegenüber dem leeren Platz, auf dem sich einst das Nationaltheater erhob, unterstreicht diesen Zusammenhang. Es war das Theater, dessen Anfänge zusammenfallen mit der Aufführung von Friedrich Schillers Jugendwerk *Die Räuber*, in welchem der große deutsche Freiheitsdichter jeglicher Gewaltherrschaft das Ideal reiner Menschlichkeit gegenüberstellte. Mit der Aufstellung des *Todesengels* ist somit ein Faktum geschaffen, wird an diesem Ort eine lange Reihe von Gedenkfeiern gebunden, die seit 1951 zum erneuerten Volkstrauertag regelmäßig stattfinden. Helmut Gollwitzer, der im Jahr 1955 die Ansprache zum Volkstrauertag hält, beschwört seine Zuhörer mit Blick auf die Stätte in mahnenden Worten: *Erinnerung ist Pflicht, auch und gerade wenn sie schmerzt* und ergänzt zur Symbolik des Denkmals: *Es stelle sich der Engel dieses Mahnmals gegen unsere Flucht ins Vergessen, mit der wir das Geschehene ungeschehen machen möchten.* Sein Appell ist verbunden mit dem Rückblick auf den offensichtlichen Mangel an Zivilcourage im deutschen Volk vor 1945, *wo das Wenige, was jeder*

„Ich habe Dich bei Deinem Namen gerufen"

wusste, schon hätte genügen müssen, um eine so offene Welle der Empörung durchs ganze Volk zu treiben, dass das Regime sich hätte ändern oder stürzen müssen. Jedoch: Wie einsam und von ihren eigenen Volksgenossen überall bedroht standen diejenigen, die auf Widerstand gegen das Unrecht sannen! Warum sind in Deutschland weniger Juden durch Untertauchen von ihren Mitbürgern gerettet worden als in dem kleinen holländischen Volke? Wo doch zumindest alle Christen einen Schutzwall um die bedrohten Mitmenschen hätten bilden müssen - so Helmut Gollwitzer. Er unterzieht die Vergangenheit einer strengen Prüfung und konstatiert „menschliches Versagen" bei der überwiegenden Mehrheit der Zeugen der Katastrophe. Die daraus resultierenden Lehren legt er als Maßstab an die Gegenwart an und formuliert ein Gebot der Einmischung, einen Auftrag, der besagt, *dass Demokratie eine Aufgabe ist, die täglich neu ergriffen werden muss.*

Die in ihrer anklagenden Grundhaltung mit dem etwas verhaltenen Symbolgehalt des *Friedensengels* durchaus kontrastierende Ansprache legt zehn Jahre nach Kriegsende die Schwächen der bisherigen, ausweichenden Behandlung des Themas bloß. Kann doch angesichts des Ausmaßes der Katastrophe bezüglich des Andenkens an Vertreibung und Ermordung tausender jüdischer Bürger unter dem Nationalsozialismus das Ausweichen in eine kontemplative Sphäre stillen Gedenkens nur wenig zufrieden stellen. Nicht nur die jüdische Gemeinde muss sich durch die allgemeine Widmung des *Todesengels* düpiert fühlen, zumal der damit verbundene Versuch der Einbindung breiter Kreise der Bevölkerung wenigstens zum Teil als misslungen gelten muss. Denn die mit ins Boot genommenen Traditions- und Soldatenvereine honorieren nicht, dass man sie so partiell aus ihrer Verantwortung für das Geschehene entlässt. Sie spalten die Bewegung und feiern ihren Gedenktag fortan weiterhin auf dem Hauptfriedhof.

Ein anderer Markstein auf dem weiten Weg eines Prozesses allgemeiner Bewusstwerdung über die Tatsachen und Folgen des Holocaust erweist sich dagegen als fruchtbarer. Als vom 9. bis zum 16. März 1952 erstmalig die Woche der Brüderlichkeit in Mannheim abgehalten wird, findet eine am 14. März in den Rahmen der Feierlichkeiten eingebundene Aktion Beachtung, zu der Oberbürgermeister Heimerich und die Dekane der evangelischen und katholischen

Einweihung des Mahnmals auf dem jüdischen Friedhof am 22. Oktober 1954. Links von der Urne Oberbürgermeister Hermann Heimerich; im Hintergrund Erster Bürgermeister Jakob Trumpfheller
StadtA Mannheim, Bildsammlung

„Ich habe Dich bei Deinem Namen gerufen"

Kirchengemeinden die Bevölkerung aufrufen: Mit der Stiftung eines Ölbaumhains in Israel sollen dortige Aufforstungsmaßnahmen unterstützt werden. Es soll Verfolgten und Vertriebenen geholfen werden, *die nach Jahren des Unfriedens dort eine neue Heimat gefunden haben. Gleichzeitig soll dieser Ölbaumhain eine Gedenkstätte sein für die Mannheimer Mitbürger, die Opfer jener verhängnisvollen Hasspolitik in den Jahren 1933 bis 1945 geworden sind. Nicht ein Denkmal aus Stein, sondern lebendige Bäume sollen davon künden, dass alle diese Menschen in ihrer Vaterstadt Mannheim, die so viele Juden zu ihren bedeutendsten Söhnen zählt, unvergessen bleiben.*

Immer wieder bringen sich Vertreter der christlichen Kirchen in den langsam einsetzenden Prozess der Annäherung aller an der Versöhnung interessierter Kreise ein. Am 23. Februar 1954 beginnt im Wartburg-Hospiz eine 6. deutsche Studientagung zum Thema *Die heilige Schrift in christlicher und jüdischer Sicht.* Sie wird vom Evangelischen Ausschuss für den Dienst an Israel veranstaltet. Wohl als erster materieller Ausdruck der Wiedergutmachung wird dann im Oktober 1954 der neu aufgebaute Einsegnungsraum des jüdischen Friedhofs mit Ansprachen von Oberbürgermeister Heimerich und Landesrabbiner Geiss seiner Bestimmung übergeben. Gleichzeitig wird eine Gedenkstätte eingeweiht, die den in der Nazi-Zeit verfolgten und ermordeten Mannheimer Juden gewidmet sein soll. *Denen, die kein Grab fanden,* lautet die Inschrift auf dem Sockel. Darauf findet sich ein von dem Feudenheimer Kurt Schaaf entworfenes Grabgefäß, eine groß dimensionierte Urne, bekrönt mit dem Davidstern. Mit den Worten: *Wir können das Unrecht nicht wieder gutmachen, aber wir müssen dafür sorgen, dass es nicht vergessen wird,* signalisiert Heimerich, dass die Stadt es fortan als ihre Aufgabe begreife, die zusammengeschmolzene jüdische Gemeinde in der Pflege ihrer Begräbnisstätte zu unterstützen.

Als Zeichen einer symbolischen Wiedergutmachung darf die Verleihung der Schillerplakette an Mannheims ehemaligen Generalmusikdirektor Joseph Rosenstock gesehen werden. Rosenstock kann nach seiner Entlassung in Mannheim 1933 noch auf eine zwar aussichtslose, aber angesichts der katastrophalen Bedingungen durchaus publikumswirksame Tätigkeit für den Berliner Jüdischen Kulturbund zurückblicken, bevor er, einem Ruf nach Tokio folgend, im August 1936 noch rechtzeitig das Land verlässt, durch Russland, Sibirien, die Mandschurei und Korea nach Japan flüchten kann. Auf solch abenteuerlichem Umweg zu Weltruhm gekommen, kehrt der mittlerweile in New York tätige Musiker ins Land seiner Verfolgung zurück, um in den ersten Februartagen 1955 am Nationaltheater zu gastieren. Mit großem Publikumserfolg dirigiert er das fünfte Akademiekonzert. Die Verleihung der Auszeichnung durch die Stadt ist jedoch nur der städtischen Chronik zu entnehmen, oder aber dem Bericht einer New Yorker Zeitung, die den Ursprung der Plakette schamhaft verschweigt: Sie war anlässlich des hundertjährigen Jubiläums der Übernahme des Theaters in städtische Verwaltung ausgerechnet 1939 entworfen worden.

Nach langem Hin und Her und verschiedenen Alternativplanungen, die sämtlich scheitern, beginnen Ende November 1955 Bauarbeiter mit dem Abriss der Ruinen der Hauptsynagoge. Nach damaliger Meinung der Fachleute unumgänglich geworden, ist die Notwendigkeit dazu heute umstritten, begab man sich doch damit sehenden Auges der Möglichkeiten, die mit der Präsenz der immer noch imposanten Ruine im Innenstadtbereich gegeben wären. Folgerichtig nimmt die Nutzung nach dem Ende der Abrissarbeiten im April 1956 keine Rücksicht auf den einstigen Charakter der Stätte. Über Jahre hinweg wird auf dem unbebaut liegenden Grundstück ein Gebrauchtwagenverkauf betrieben. Nach und nach werden die Überreste der Stätten jüdischen Lebens abgetragen und anonymisiert, sind heute von dem einst blühenden Gemeindeleben nur noch zufällige Relikte erhalten. Eine planvolle Strategie der Konservierung zum Zweck des Gedenkens wird damals nirgendwo spürbar.

„Ich habe Dich bei Deinem Namen gerufen"

Der mühsame Prozess der Erinnerung

Das Gedenken an die vernichtete jüdische Gemeinde erfährt im Lauf der Nachkriegsgeschichte in Mannheim immer wieder Impulse aus der Tatkraft einzelner Persönlichkeiten. So ist die Tätigkeit des langjährigen Oberbürgermeisters Hermann Heimerich in ihrer ganzen Ambivalenz unter diesem Aspekt ebenso zu würdigen wie das späte stadtgeschichtliche Werk des Historikers Friedrich Walter. Es ist Walter, der in Auswertung seiner vorhergegangenen Forschungen das Kapitel der jüdischen Geschichte Mannheims unter dem Titel *Leistung und Persönlichkeit* in dem 1952 erschienenen Sammelwerk *Den Unvergessenen. Opfer des Wahns 1933 bis 1945* neu skizziert. Bezeichnend, dass der Aufsatz in gekürzter Form im Jahr des 350-jährigen Stadtjubiläums 1957 in den „Mannheimer Heften" eine Neuauflage erfährt. Im gleichen Heft erscheint eine erste Studie von Karl Otto Watzinger, der die *Entwicklung der jüdischen Gemeinde von 1660 bis 1862* für Mannheim in den denkwürdigen Worten zusammenfasst, *dass die wirtschaftliche und kulturelle Entwicklung unserer Stadt nicht zu denken wäre ohne die Leistungen unserer Mitbürger jüdischen Glaubens.*

In das Jahr des Stadtjubiläums fällt auch die feierliche Weihe einer Bethalle für die Jüdische Gemeinde in der Maximilianstraße 6 am 19. Mai. In seiner Festansprache beziffert der damalige Vorsitzende Fritz Mayer die Zahl der Mitglieder auf 150, die Schar der Gläubigen ist also seit Kriegsende kaum gewachsen. Ein Bericht der „AZ" vom September 1959 nennt mit 230 Mitgliedern eine etwas höhere Zahl, schätzt gar die tatsächlich in Mannheim lebenden Juden um weitere 100 mehr, nicht ohne zu fragen: *Aber was sind 330 jüdische Bürger in Mannheim gegen 6 402 im Jahre 1933?* Zumal von einem Wachstum angesichts steter Abwanderung nicht die Rede sein kann. Und die Gründe für die späte Emigration stehen deutlich im Zusammenhang mit einer immer noch unbewältigten Vergangenheit: *Da steht vorne an die Befürchtung, dass die Kinder keine gesicherte Zukunft haben könnten. Dann folgt die Unfähigkeit, sich nach den schrecklichen Jahren der Verfolgung in die Gesellschaft und in die Zeit einordnen zu können.* Der Autor schließt mit der Forderung, solche *Gefühle und Gedanken beim Namen zu nennen.* Weitere Belege zeugen vom mangelnden Vertrauen der Gemeindemitglieder in die gesellschaftliche Gegenwart. So fällt dem aus Israel zu Besuch in seiner einstigen Heimat weilenden Paul S. Meyer am neuen Gemeindehaus in der Maximilianstraße auf, *dass weder eine Inschrift, noch das Zeichen des Judentums, der Stern Davids, den Sinn dieses einfachen, aber sehr hübsch erbauten Hauses anzeigt.* Dem Beobachter drängt sich der Verdacht auf, es *bestehe weiterhin eine Scheu, sich als Jude in der Öffentlichkeit zu bekennen.*

Gleichwohl ist in diesen Jahren eine Art Trendwende im Umgang mit der Vergangenheit zu beobachten, die ihren Ausdruck in der zunehmenden Bereitschaft zur Aufarbeitung des Geschehenen findet. Am 30. September 1958 beschließt der Mannheimer Gemeinderat, sich an der Neugestaltung des ehemaligen Lagerfriedhofs in Gurs zu beteiligen. Das wenig gepflegte Gelände unweit der damals immer noch erhaltenen Lagerbaracken, letzte Ruhestätte der im Lager verstorbenen Deportationsopfer, soll nun eine würdevolle Gestaltung finden.

Während im Jahr 1959 eine Welle von Friedhofsschmierereien ganz Deutschland überzieht, macht die gleichzeitig einsetzende juristische Aufarbeitung der nationalsozialistischen Verbrechen bedeutende Fortschritte. Als Schlüsselereignis wird der in den 1960er Jahren im nahen Frankfurt stattfindende Auschwitz-Prozess wahrgenommen. Gleichzeitig bringt die in Mannheim für den Rhein-Neckar-Raum gegründete Gesellschaft für christlich-jüdische Zusammenarbeit Bewegung in die nur zäh fortschreitende politisch-kulturelle Entwicklung. Im Nebenzimmer des Eichbaum-Stammhauses in P 5, 10 trifft sich am 27. Oktober 1958 ein interessierter Personenkreis aus Wirtschaft, Politik und Kultur sowie der christlichen Konfessionen, um nach dem Vorbild anderer Städte als 24. Gesellschaft dieser Art eine unter dem Patronat von Bundespräsident Theodor Heuss stehende Ortsgruppe zu gründen. Eine Satzung wird allerdings erst nach Änderungen an der Vorlage der Schwestergesellschaften verabschiedet, da von gewerkschaftlicher Seite gebeten wird, die konfessionelle Ausrichtung abzumildern, um auch nicht konfessionell gebundene Menschen anzusprechen. Neben dem gemeinsamen Streben nach christlich-jüdischer Verständigung nennt der von 112 Gründungsmitgliedern verabschiedete Satzungsentwurf auch allgemein-humanistische Ziele: *Sie erstrebt die Achtung der Würde jedes Menschen und erwartet von einem jeden, der sich zu diesen Ideen bekennt, mutiges Eintreten, sobald und sooft Mitmenschen wegen ihrer religiösen Einstellung, ihrer rassischen oder nationalen Zugehörigkeit oder ihrer sozialen Herkunft angefeindet oder benachteiligt werden.*

Es ist die Gesellschaft für christlich-jüdische Zusammenarbeit, die ein weiteres Projekt anregt, das wie in anderen großen Städten der Bundesrepublik auch für Mannheim realisiert werden soll. Ein *Memorbuch* zur Dokumentation der Schicksale ehemaliger jüdischer Bürger erscheint auch dem Mannheimer Archivdirektor Gustaf Jacob besonders erwünscht. Nach dem zitierten Aktenvermerk Jacobs ist das Archiv schon seit mehreren Jahren im Verbindung mit *etwa 40* ehemaligen jüdischen Einwohnern der Stadt. Mit Karl Otto Watzinger, der in den folgenden Jahrzehnten zahlreiche eigene Publikationen zum Thema vorlegt, wird auch ein kompetenter Mentor gewonnen, dessen Engagement alle weiteren Gedenkaktivitäten über Jahrzehnte hinweg begleiten wird. Die vom Archiv ausfindig gemachten Kontaktpersonen werden Ende 1959 von Oberbürgermeister Hans Reschke und Archivdirektor Jacob angeschrieben und gebeten, ihre Erinnerungen für das geplante Gedenkbuch im Umfang von je *etwa 5–10 Schreibmaschinenseiten* niederzulegen. Ein Jahr später kann der „Mannheimer Morgen" 31 Textbeiträge ankündigen, obwohl auch abschlägige Antworten eingehen, die *einen Strich unter das Geschehen ziehen möchten.* Das Gedenkbuch allerdings verschwindet vorerst in der Schublade, trotz der hochwertigen Manuskripte, die sich am Ende auf mehr als 60 summieren und zu denen drei Ordner mit der Korrespondenz von Maria Krehbiel-Darmstädter aus dem Lager Gurs hinzu kommen. Während diese von Walter Schmitthenner zur Verfügung gestellten Briefe publiziert werden, ruht das ursprüngliche Projekt. Zwar werden die Beiträge *gelesen und aufgelistet,* doch eine notwendige redaktionelle Überarbeitung bleibt aus. Der Gedanke liegt nahe, dass der Aktivismus, mit dem immer wieder neue Ideen verfolgt werden, das ursprüngliche Projekt zum Scheitern bringt, denn auch Nachfragen und Beschwerden der Autoren können es nicht reaktivieren.

Eines dieser neuen Projekte hängt mit der von der Internationalen Liga für Menschenrechte, Sektion Berlin, ausgerichteten Wanderausstellung *Die Vergan-*

Mannheimer Plakat zur Ausstellung „Die Vergangenheit mahnt", 1961
StadtA Mannheim, Plakatsammlung

genheit mahnt zusammen. Weder die vorab auf 25 000 DM geschätzten Kosten, noch unerwartet auftauchende Schwierigkeiten bei der Suche nach geeigneten Räumen lassen Oberbürgermeister Reschke zögern. In einer ersten Anfrage nach Berlin im April 1960 zeigt er sich *tief beeindruckt* von der Dokumentation, die er nun in Kooperation mit der Gesellschaft für christlich-jüdische Zusammenarbeit nach Mannheim holen möchte. Im Lauf der Vorbereitungen wird auch das Stadtarchiv aktiv, das die Ausstellung durch einen eigenen Beitrag ergänzen will. Archivleiter Jacob nutzt dazu seine Kontakte ins Ausland und bittet ehemals in Mannheim lebende jüdische Bürger in aller Welt um Leihgaben. Die dem *Gedenken an die jüdischen Bürger der Stadt Mannheim* gewidmete zusätzliche Schau wird gleichzeitig mit der Ausstellung aus Berlin am 4. Mai 1961 von Oberbürgermeister Reschke und dem Vorstand der Jüdischen Gemeinde im Reiß-Museum eröffnet. Der Mannheimer Ausstellungsteil wird im Hofgebäude gezeigt. Er kann aus Pressebrichten und einem kleinen Begleitheft schlüssig rekonstruiert werden: In einer ersten Abteilung wird, überstrahlt von einem großformatigen Öl-Porträt des Ehrenbürgers Max Hachenburg, eine Reihe der bedeutendsten jüdischen Persönlichkeiten aus der Stadtgeschichte vorgestellt: Bankiers, Industrielle, Juristen, Ärzte, Verleger, Künstler, auch Frauen finden sich darunter. In einem zweiten Raum wird die jüdische Gemeinschaft im mittlerweile völlig veränderten Stadtbild verortet: Gebäude, die aus Stiftungen finanziert sind, ehemalige Wohn- oder Geschäftsgebäude von Juden, Synagogen, Friedhöfe werden schriftlichen Zeugnissen ihrer Präsenz gegenüber gestellt. Ein dritter Raum schließlich ist dem Andenken jüdischer Kunstliebhaber gewidmet, die mit ihren Stiftungen wesentliche Beiträge zu den öffentlichen Sammlungen geliefert haben. Als die Ausstellung *Die Vergangenheit mahnt* am 23. Mai endet, meldet der „Mannheimer Morgen", dass sie während ihrer dreiwöchigen Dauer von rund 11 000 Personen besucht wurde. Allerdings soll nur ein Teil den Weg ins Hofgebäude gefunden haben, weshalb die Begleitausstellung noch bis 25. Juni verlängert wird. In seiner Bewertung beurteilt der Zeitungskommentar den Mannheimer Beitrag als *nicht so demonstrativ wie die Ausstellung der Liga für Menschenrechte, sondern still, fast verhalten und von einer Noblesse geprägt, wie sie den früheren jüdischen Bürgern dieser Stadt eigen gewesen ist.*

Im darauf folgenden Jahr beschäftigt sich auch der baden-württembergische Landtag mit der Frage des Gedenkens an die zahlreichen jüdischen Opfer des Nationalsozialismus in dem neuen Bundesland. Zur Erforschung ihrer Schicksale wird auf Weisung von Ministerpräsident Kurt-Georg Kiesinger die Einrichtung einer zentralen Dokumentationsstelle beschlossen, der vorerst drei Aufgaben zugewiesen werden: Die Schicksale der etwa 30 000 vor 1933 im Gebiet des heutigen Baden-Württemberg heimischen Juden aufzuklären, die Verfolgungsmaßnahmen der nationalsozialistischen Machthaber gegen die Juden zu analysieren und bauliche und andere Zeugnisse jüdischer Gemeinschaften in einer Bilddokumentation zu erfassen. Wenige Monate später schon nimmt die unter der Aufsicht der Archivdirektion Stuttgart stehende Dokumentationsstelle unter Leitung von Paul Sauer ihre Arbeit auf. Im Mai 1962 ergeht ein Schreiben

Zu den Pionieren der Wiederentdeckung jüdischer Kultur zählt auch Elsbeth Janda, die
gemeinsam mit ihrem Mann Fritz Nötzoldt 1964 das Programm „Wenn singt a Jidd"
aus der Taufe hebt. Am 8. März 1964 wird es in der Kunsthalle zur Eröffnung der Woche
der Brüderlichkeit aufgeführt
Foto: Bohnert & Neusch, StadtA Mannheim, Bildsammlung

an die Gemeinden des Landes, örtliche Mitarbeiter zu benennen, die in Orten mit ehemals mehr als 10 jüdischen Einwohnern Daten und Fakten über deren Schicksale ermitteln sollen. Der mageren Resonanz auf diesen Vorstoß wird mit einer gründlichen Erhebung mit Hilfe mehrerer Fragebögen begegnet, in denen alle von der Verfolgung betroffenen Juden erfasst werden sollen. Ziel dieser Maßnahme ist die Schaffung einer bis dahin nicht existierenden Personenkartei der Opfer an zentraler Stelle. Für die Jahreswende zu 1962/63 ist ein erster Versand von Fragebögen an Orte mit ehemals größeren Judengemeinden vorgesehen. Parallel dazu soll ein Mitarbeiter der Dokumentationsstelle die mit dem Ausfüllen der Formulare betrauten Einrichtungen besuchen. Eine erste Sendung von 13 000 Fragebögen wird in Mannheim allerdings wohl erst Ende 1963 ausgeliefert, wobei die Mengenangabe darauf hinweist, dass offensichtlich auch Dubletten erstellt werden sollen. Die wichtigste Grundlage für die Erhebung bildet das Melderegister, aus dem die abgefragten Daten in die Fragebögen übertragen werden. Die Rücksendung mehrerer Tausend Formulare allerdings verläuft schleppend, trotz regelmäßiger Rückfragen, ob es *trotz der schwierigen Personallage beim Städtischen Archiv Mannheim* nicht etwas schneller gehen könnte.

Am 26. März 1963 wird der neu gestaltete Friedhof in Gurs eingeweiht. Die letzten baufälligen Baracken des Lagers sind mittlerweile verschwunden, die zurückbleibenden Ruhestätten von mehr als 1000 jüdischen Menschen überwiegend aus Baden und der Pfalz haben ein angemessenes Aussehen bekommen. An den Feierlichkeiten in Frankreich nehmen auch Mitglieder des Mannheimer Gemeinderats teil. Die Erfüllung des gemeinderätlichen Wunschs aus dem Jahr 1958, die Pflege und Gestaltung des Friedhofs finanziell mit zu tragen, hatte den hohen Grad der Identifikation mit dieser Gedenkstätte symbolisiert.

Ein weiterer Neubeginn wird in ersten Begegnungen mit den vertriebenen, überlebenden Juden aus Mannheim sichtbar. Der Eichmann-Prozess in Jerusalem 1961 trägt sichtlich zur allgemeinen Bewusstwerdung bei, die sich mit dem Wunsch nach menschlichen Zeugnissen verbindet. So begibt sich im März 1964 eine Gruppe des Stadtjugendamts mit Reinhard Wagner und Bürgermeister Hans Martini nach Israel, um Spuren der eigenen Geschichte aufzusuchen. Noch treffen sie auf zahlreiche Überlebende, werden freundlich aufgenommen und lernen erstaunliche und dramatische Lebensgeschichten kennen. Natürlich wollen nicht alle erzählen. Einerseits sind bald 20 Jahre nach dem Holocaust noch nicht alle Wunden vernarbt. Andererseits verbreitet sich als zusätzliche Erkenntnis unter der Reisegesellschaft, was Martini dem „Mannheimer Morgen" weitergibt: *Man könne nicht mehr von deutschen Juden sprechen, unsere alten Landsleute seien heute Juden aus Deutschland.* Nicht ohne jedoch anzufügen, dass unter den Israel-Reisenden vollständiges Einverständnis darüber herrsche, dass solche Begegnungen fortgeführt werden müssten. Denn *die Erinnerung an Gastfreundschaft und Offenheit der Israelis, an ihren Fleiß und ihre große Vergangenheit ist bereits ein Baustein in einem sich wandelnden Verhältnis zwischen beiden Nationen.*

Prüfstein für das neue Verhältnis zur Vergangenheit, dessen Aufrichtigkeit sich in der Gegenwart beweist, wird ein Zwischenfall aus dem Juli 1966. Ein Sturm der Entrüstung geht durch die Stadt, als am 14. des Monats bekannt wird, dass auf dem Israelitischen Friedhof Grabsteine umgeworfen und Gedenktafeln abgerissen wurden. Dabei fallen die Zerstörungen erst so spät auf, dass in der ersten Aufregung nicht einmal der genaue Zeitpunkt der Friedhofschändung festgestellt werden kann. Umgehend verurteilt Oberbürgermeister Reschke den Übergriff, bei dem mehr als 100 Grabstätten, darunter die Familiengruft der Ladenburg beschädigt werden. Gleichzeitig versichert er die Jüdische Gemeinde einer gewissenhaften Strafverfolgung der Täter – ein Tatverdächtiger wird kurz darauf in Haft genommen. Schon am Tag der Bekanntmachung des Anschlags wird die parteiübergreifende Einheit bei der Verurteilung der Tat in einer Feierstunde am Mahnmal auf dem Israelitischen Friedhof besiegelt. Oberbürgermeister Hans Reschke, Vertreter des Deutschen Gewerkschaftsbunds und der Parteien legen Kränze nieder. Wenig später, am 20. Juli, erklären die Jugendorganisationen des DGB und der DAG, dass sie helfen wollen, die Verwüstungen zu beseitigen. Am 13. August dankt der Vorsitzende der Jüdischen Gemeinde Heinrich Goldstein Oberbürgermeister Reschke in einem Brief für die spontan geleistete Hilfe der Jugendgruppen zur Behebung der angerichteten Schäden. Nach Beendigung der Aktion lädt die Gesellschaft für christlich-jüdische Zusammenarbeit am 18. September zu einem von Karl Otto Watzinger geführten Friedhofsrundgang ein.

„Ich habe Dich bei Deinem Namen gerufen"

Umgestürzte Grabsteine auf dem Israelitischen Friedhof, Juli 1966
Foto: Bohnert & Neusch, StadtA Mannheim, Bildsammlung

1|20|1	Rosenfeld Hermann
2|44|8	Rosenfeld Klara
1|39|1	Rosenfeld Margarete
2|57|4	Rosenfeld Martha
2|28|4	Rosenfeld Max
4|41|4	Rosenfeld Max
3|45|5	Rosenfeld Siegbert
2|59|6	Rosenstiel Albert
4|14|6	Rosenstiel Eduard
3|23|1	Rosenstiel Elisabeth Florentine
2|22|1	Rosenstiel Elsa
2|22|4	Rosenstiel Helene
4|56|3	Rosenstiel Irma
2|49|8	Rosenstiel Lieselotte
4|2|3	Rosenstiel Wilhelm
2|26|3	Rosenthal Amanda
4|50|4	Rosenthal Erwin
3|15|4	Rosenthal Karl Oskar
1|61|2	Rosenthal Olga
1|6|2	Rosenthal Rosa
2|65|7	Rosenzweig Hedwig
2|61|6	Rosenzweig Klara
2|65|6	Rosenzweig Siegfried
4|45|2	Rosner Martha
3|52|3	Rosner Samuel

Kranzniederlegung durch Oberbürgermeister Hans Reschke anlässlich der Kundgebung auf dem Israelitischen Friedhof, 14. Juli 1966
Foto: Bohnert & Neusch, StadtA Mannheim, Bildsammlung

„Ich habe Dich bei Deinem Namen gerufen"

Es hätte keine berufenere Person dazu gefunden werden können, steht doch Watzingers Name gewissermaßen am Anfang aller Untersuchungen über die Mannheimer Juden, gerade auch der wichtigsten Veröffentlichung über die *Judenverfolgung in Mannheim 1933-1945* von Hans-Joachim Fliedner, die aus den gescheiterten Anfängen des Gedenkbuchs zu Beginn der sechziger Jahre heraus entsteht. Das revidierte Konzept wird am 27. Juli 1963 in einer Besprechung erstellt, an der neben Archivdirektor Jacob sowie Karl Otto Watzinger auch Kulturreferent Christoph Andritzky und der Leiter der Wissenschaftlichen Stadtbibliothek Herbert Meyer als weitere Berater beteiligt sind. Ein Bericht an Oberbürgermeister Reschke benennt als wichtigste Voraussetzung für einen neuen Anlauf die Anstellung von gleich zwei Fachhistorikern, um *eine möglichst vollständige Sammlung an Primärquellen, wie Urkunden, Akten, Briefe und sonstiges zeitgenössisches Schrifttum, zusammen zu tragen.* Eine Kommission aus Vertretern der Stadtverwaltung, der Jüdischen Gemeinde und von Wissenschaftlern unter Vorsitz des Oberbürgermeisters soll die Oberaufsicht über das Projekt übernehmen, an dessen Neuanfang die Einstellung des späteren Stadtarchivdirektors Jörg Schadt steht. Der Neuzeithistoriker mit Abschluss an der Universität Heidelberg beginnt mit den Recherchen und fördert nach und nach wesentliches Quellenmaterial zu Tage. Im Mai 1967 stellt der mittlerweile mit den Vorarbeiten betraute Hans-Joachim Fliedner einen neuen Rahmenplan für das Erscheinen vor, der eine einfache Lösung bis zum Ende des Jahres andeutet. Für die von ihm favorisierte, über eine simple Zusammenstellung vorhandenen Materials hinaus gehende Variante aber setzt er einen weit größeren zeitlichen Vorlauf ein. Letztendlich wird eine solche erweiterte Fassung gewünscht, und der an den Vorarbeiten weiterhin beteiligte Karl Otto Watzinger stellt den an das Ende der Publikation gesetzten darstellenden Beitrag an den Anfang. Damit erstreckt sich die Dauer der weiteren Bearbeitung noch auf weitere vier Jahre, zumal der Autor Hans-Joachim Fliedner seine Arbeit der philosophischen Fakultät der Universität Heidelberg als Doktorarbeit vorlegt. 1971 kann die erste Auflage des bis heute maßgeblichen Werks in Druck gehen. Die erwünschte Ergänzung um eine Geschichte der Juden in Mannheim von den Anfängen im 17. Jahrhundert mit angehängten Biografien der wichtigsten jüdischen Persönlichkeiten wird einige Jahre später von Karl Otto Watzinger selbst vorgelegt.

Anlässlich der Erwähnung von Persönlichkeiten, die sich Verdienste um die Aufarbeitung der jüngeren Geschichte Deutschlands erworben haben, darf der Name einer Frau nicht fehlen, die sich immer *leidenschaftlich für Gerechtigkeit und Menschlichkeit* einsetzte, so der „Mannheimer Morgen" in einem Bericht zu ihrem siebzigsten Geburtstag. 1922 in Posen geboren, war die zeitweise als Staatsanwältin in Mannheim wirkende Barbara Just-Dahlmann auch für die Ludwigsburger Zentralstelle zur Aufklärung von NS-Verbrechen tätig. Bekannt für ihr Engagement zu Gunsten verfolgter Minderheiten, der Homosexuellen oder Sinti und Roma gilt sie wegen einschlägiger Publikationen ebenso als entschiedene Verfechterin der Sache Israels. Seit den sechziger Jahren aktiv im Sinne der Vergangenheits-„Findung", wird ihr nach verschiedenen anderen hochrangigen Auszeichnungen am 7. September 1980 in Berlin der erstmals vergebene Moses-Mendelssohn-Preis verliehen. Die mit 20 000 DM dotierte Auszeichnung soll der *Förderung der Toleranz gegenüber Andersdenkenden und zwischen den Völkern, Rassen und Religionen* dienen und wurde vom Berliner Senat anlässlich des 250. Geburtstags des jüdischen Aufklärers gestiftet.

Es sind solche Persönlichkeiten, bei denen sich das Engagement für Menschlichkeit und Demokratie mit einem starken Interesse an der jüngeren deutschen Geschichte verbindet, die Vereinen oder Veranstaltungen Leben einhauchen, aus denen heraus eine neue Gedenkkultur entsteht. In den siebziger und achtziger Jahren verstärken sich solche Erinnerungsaktivitäten, bereichert um weitere Publikationen zur Geschichte der Juden in Mannheim sowie eine Ausstellung *Juden in Baden*, die erneut vom Stadtarchiv mit einem Mannheimer Beitrag ergänzt wird.

Der Bau des neuen jüdischen Gemeindezentrums mit Synagoge gibt auch der Erinnerungspflege einen starken Impuls. Mit diesem Neubau kehrt die Jüdische Gemeinde *in das Herz unserer Stadt zurück*, wie Oberbürgermeister Gerhard Widder in seinem Beitrag zur Festschrift treffend formuliert. Vielfältige Bezüge verbinden den F 2 benachbarten Gebäudekomplex, der das Stadtquadrat in F 3 vollständig ausfüllt, mit der einstigen Hauptsynagoge. Um die neue Synagoge herum ist eine ganze Reihe von Räumlichkeiten gruppiert, die den verschiedensten Zwecken dienen. Ein rituelles Tauchbad ist ebenso vorhanden wie ein Festsaal oder ein Kindergarten. Eine Gedenktafel für die Opfer des

„Ich habe Dich bei Deinem Namen gerufen"

Rabbiner Max Grünewald spricht anlässlich der feierlichen Eröffnung des neuen jüdischen Gemeindezentrums am 13. September 1987
Foto: Keese

Holocaust ist symbolisch mit baulichen Resten der zerstörten Hauptsynagoge zusammengefügt. Große Unterstützung kommt für das Projekt vom Gemeinderat, der in seiner Sitzung am 11. Dezember 1984 beschließt, der Jüdischen Gemeinde einen Teil des Grundstücks kostenlos zur Verfügung zu stellen und 10 Millionen DM als Bauzuschuss zu gewähren. Knapp zwei Jahre später kann am 17. Oktober 1986 Richtfest gefeiert werden. Am 13. September 1987 wird das markante Bauwerk mit einem Festakt eingeweiht. Es setzt einen beachtlichen städtebaulichen Akzent in der Unterstadt. Als herausragender Ehrengast hält der von 1925 bis 1938 amtierende ehemalige Stadtrabbiner Max Grünewald, Ehrenpräsident des Leo-Baeck-Instituts in New York, die Festpredigt.

Der Bau des neuen Gemeindezentrums ist zugleich Teil einer Bewusstwerdung, die eine ganze Reihe von öffentlichen Initiativen nach sich zieht, und bietet entsprechenden Aktivitäten einen Ort der Orientierung und der Begegnung. Schon zum 1. November kann hier der Stadtjugendring in Zusammenarbeit mit der Amsterdamer Anne-Frank-Stiftung die Ausstellung *Die Welt der Anne Frank* eröffnen. Innerhalb von 20 Tagen besuchen 15 000 Menschen die eindrucksvolle Schau. Ein großer Erfolg wird auch die Ausstellung *Gurs – Ein Internierungslager in Südfrankreich 1939-1943* mit Dokumenten aus der Sammlung der schweizerischen Krankenschwester Elsbeth Kasser, die während des Zweiten Weltkriegs für die Secour Suisse tätig war und aus ihrer Zeit in Gurs eine große Anzahl Zeichnungen, Aquarelle und Fotografien von Internierten besitzt. Bürgermeister Wolfgang Pföhler kann bei der Eröffnung am 21. Oktober 1990 Frau Kasser im jüdischen Gemeindezentrum persönlich begrüßen.

Zwei Jahre zuvor, zum fünfzigsten Jahrestag des Novemberpogroms, findet am 9. November 1988 eine weitere ausdrucksstarke Willensbekundung Mannheimer Bürger statt. Zum Gedenken an den Terror der Nationalsozialisten und als mahnende Geste an die Gegenwart bewegt sich eine Demonstration von etwa 2 000 Personen unter Teilnahme der politischen und geistlichen Repräsentanten der Stadt im Schweigemarsch vom Marktplatz am Standort der ehemaligen Synagoge in F2 auch am neuen jüdischen Gemeindezentrum vorbei zum *Friedensengel*, seit 1984 in E6 neben der Bürgerhospitalkirche aufgestellt. Dem Vortrag des Gebets *El male rachamim* durch Kantor Raffaele Polani schließt sich ein ökumenischer Bußgottesdienst in der Jesuitenkirche an, zu

„Ich habe Dich bei Deinem Namen gerufen"

dem die Stadt Mannheim, das evangelische und katholische Dekanat sowie die Gesellschaft für christlich-jüdische Zusammenarbeit und der DGB einladen. Seither führen die Jahrestage der mit Verfolgung, Deportation und Ermordung der jüdischen Bevölkerung verbundenen Ereignisse zu einem Wandel im Bewusstsein. Demonstrationen und Gedenkfeiern vor Ort werden zu einem Gegenpol zu den öffentlichen Einlassungen des „Geschichtsrevisionismus".

Herausgegriffen für die letztgenannte Tendenz seien zwei prominente Beispiele. Gleichzeitig mit der Mannheimer Demonstration zum Jahrestag des Novemberpogroms 1988 findet eine Gedenkveranstaltung auch im Deutschen Bundestag statt, wo der damalige Bundestagspräsident Philipp Jenninger in einer Ansprache Rückschau auf die Jahre der nationalsozialistischen Diktatur und die Verfolgung der Juden hält. Die Rede enthält in einzelnen Passagen unverantwortlich missverständliche Begrifflichkeiten, spricht von Hitlers *politischem Triumphzug* als *Faszinosum* und entwirft ein um Verständnis bemühtes Bild von den grausamen Jahren der Diktatur. Was in ähnlichen Betroffenheitsreden zuvor nie in Frage gestellt wurde, gerät diesmal in einer breiten Öffentlichkeit unter Kritik. Jenninger muss nach seiner Ansprache zurücktreten, obwohl ihm von verschiedener Seite bescheinigt wird, *dass selten so klar die Mitschuld des deutschen Volkes vor dem Bundestag auf die Tagesordnung gesetzt wurde.* Dennoch: Die Rede bringt eine grundsätzliche Haltung zum Ausdruck, die nicht mehr hingenommen wird. Jenninger steht exemplarisch für den Deutschen, *der intellektuell den Nationalsozialismus verurteilt, wie es sich gehört, aber keine Ahnung hat, in welcher Tiefe des Seins, und keineswegs nur durch die Geschichte, er damit verbunden ist, schuldlos als Person* – so der Publizist Erich Kuby in der Berliner „Tageszeitung". Da Kuby zu dem kleinen Kreis Intellektueller gehört, die die Entwicklung der Bundesrepublik seit ihren frühen Anfängen kritisch begleiten, begreift er das Ausmaß der Entgleisung durchaus vor dem Hintergrund politisch-kultureller Kontinuität. Aus der Mitte der Gesellschaft heraus operierend, lenkt das beharrende Element immer wieder die öffentliche Aufmerksamkeit auf sich.

So auch der Schriftsteller Martin Walser, dessen Roman *Tod eines Kritikers* den Literaturkritiker Marcel Reich-Ranicki zum Gegenstand einer Mordphantasie macht und bei seinem Erscheinen im Jahr 2002 erregte Kontroversen auslöst. Ruth Klüger, die ihren Lageraufenthalt in Auschwitz zum zentralen Gegenstand ihrer Autobiographie gemacht hat und bis dahin mit Walser persönlich befreundet ist, geht in einem kritisch akzentuierten offenen Brief auf Distanz zu Walsers antisemitischem Buch, da sie sich von der *Darstellung eines Kritikers als jüdisches Scheusal betroffen, gekränkt, beleidigt* fühlt, so ein Auszug der „Frankfurter Allgemeinen Zeitung".

Stellen die genannten Beispiele einerseits nur zwei gegenläufige Manifestationen einer insgesamt anders gerichteten Entwicklung in Deutschland dar, so breitet sich zur gleichen Zeit in ganz Europa ein neuer Antisemitismus aus, der sich in Schmierereien und Verwüstungen auf Friedhöfen und Gedenkstätten Bahn bricht, vor Terror und Gewalt an Personen nicht zurückschreckt. Auch in Mannheim wird diese gesellschaftliche Tendenz spürbar und ruft entschieden öffentlichen Protest und Widerstand hervor. Das eingangs erwähnte Urteil gegen den NPD-Funktionär Günther Deckert wird zum Anlass der Entlassung der Richter Wolfgang Müller, Vorsitzender der 6. Großen Strafkammer, und Rainer Orlet, Berichterstatter der Kammer, durch das Präsidium des Landgerichts am 15. August 1994. Die Urteilsbegründung im Verfahren wegen Volksverhetzung, die die Deckerts seit Jahrzehnten betriebene Leugnung des Holocaust verharmlost, hatte in der gesamten Bundesrepublik Entsetzen ausgelöst, weil darin dem NPD-Funktionär Deckert Lauterkeit der Motive unterstellt wurde.

„Ich habe Dich bei Deinem Namen gerufen"

Von der Spurensuche zum Mahnmal

Im Grunde kreist der gesellschaftliche Konflikt um die Frage der „Vergangenheitsbewältigung", einen Begriff, der sich angesichts des Fortschritts in der Gesellschaft überlebt hat. Nachwachsende Generationen beginnen, die Frage der geschichtlichen Schuld unter ganz anderen Gesichtspunkten zu behandeln, als die tatsächlich schuldig Gewordenen. Der Fokus der Fragestellungen richtet sich auf die Opfer. Da die Täter keine Auskunft geben, ja ihre Schuld zu leugnen bestrebt sind, müssen sie gefragt werden. Sie zumindest moralisch wieder in ihr Recht einzusetzen ist das Ziel der nach historischer Wahrheit Suchenden.

Ein Projekt des Stadtjugendamts steht am Anfang dieser Entwicklung, deren bisher wichtigster Meilenstein die Gedenkskulptur in den Planken darstellt. Im Herbst 1990 stößt ein Aufruf des Stadtjugendamts zur Suche nach Spuren der Zerstörung jüdischen Lebens unter dem Nationalsozialismus auf starke Resonanz. Mehr als 40 Jugendliche erforschen in Arbeitsgruppen verschiedene Aspekte der Geschichte des Holocaust in Mannheim. Die Spurensuche mündet in eine Ausstellung im Stadthaus N 1, die am 2. März 1991 von Bürgermeister Wolfgang Pföhler und dem Vorsitzenden der Jüdischen Gemeinde Georges Stern im Rahmen der Woche der Brüderlichkeit eröffnet wird. Die historische Rekonstruktion der Ereignisse stößt auf ein breites Interesse der Öffentlichkeit und wird in der Folgezeit an weiteren Orten, vorzüglich in Schulen, gezeigt. Die Ergebnisse der Ausstellung werden außerdem als Buch veröffentlicht, das neben einer Reihe thematischer Beiträge auch eine umfangreiche Gedenkliste der *jüdischen Opfer der nationalsozialistischen Gewaltherrschaft* enthält. Zahlreiche Rückmeldungen ermuntern die Jugendlichen zu einer Fortsetzung des Projekts. Auf einer Reise nach Israel werden ehemalige Mannheimer, die Verfolgung und Holocaust überlebt haben, besucht. Sie geben Auskunft über ihr Erleben und werden zu Zeugen der Geschichte. Eine Filmdokumentation hält in Interviews und Zeitdokumenten die Ergebnisse der Spurensuche für die Nachwelt fest. Es entsteht ein ergreifendes Dokument, das den ehemaligen jüdischen Mitbürgern Namen und Gesichter gibt. Bei der Uraufführung des Films im Saal des jüdischen Gemeindezentrums wird auch die von den jugendlichen Projektteilnehmern

Spurensuche im Schatten der Waffen: Im Rahmen einer Israel-Reise entstehen 1992
zwei Filme mit Interviews der ehemaligen Mannheimer Helmut Krämer (Bild links oben,
zusammen mit Eleonore Köhler), Amira Gezow (Bild rechts oben, zusammen mit
Ulrike Trumpp und Daniel Karthe) und Eliyahu Givon (Bild links unten, zusammen mit
Alexandra Seidt und Paul Bach)
Jugendamt Mannheim - Jugendförderung

zusammengestellte Liste der mehr als 2 000 Mannheimer Opfer noch einmal
thematisiert. Der Wunsch lautet, sie *nicht in einem Archiv verschwinden zu lassen, sondern für sie einen angemessenen Ort zu finden.*

Dies knüpft an einen Gedanken an, der bereits in einem Antrag der CDU-
Fraktion im Gemeinderat am 29. September 1987 formuliert war. Darin wird
*die Ermittlung aller Namen der Mannheimer Juden, die durch den Nazi-Terror
ihr Leben verloren haben,* gefordert. Mit der Ausführung soll nach Vorstellung
der Gemeinderäte das Stadtarchiv betraut werden, danach *sollte ein Weg ge-*

„Ich habe Dich bei Deinem Namen gerufen"

funden werden, diese Namen an geeigneter Stelle öffentlich in Erinnerung zu halten. Nach den Ergebnissen der Spurensuche folgen 1992 Anträge seitens SPD und Grünen im Gemeinderat, die Namen auf einer Gedenkwand im öffentlichen Raum dauerhaft zu zeigen.

Im Herbst 1997 wird Kulturbürgermeister Lothar Mark eine Sammlung von 102 Unterschriften von überlebenden Juden aus Israel übergeben. Mit ihrem Sprecher Emanuel Giveon regen sie an, den Gewaltopfern als Zeichen ihrer Würdigung ein eigenes Denkmal zu setzen. Marks Bestreben, angesichts erster Entwürfe *das Denkmal in drei Monaten fertig* zu stellen, wird jedoch gebremst und eine möglichst breite Beteiligung der Bürger, vor allem der Jugend angemahnt: *Zu Recht wird gefordert, den Entstehungsprozess auf eine breite Basis zu stellen und damit Erinnerung und letztlich auch öffentliche Auseinandersetzung zuzulassen,* kommentiert Anke Philipp im „Mannheimer Morgen". Zwar liegen mittlerweile zwei Gestaltungsvorschläge vor, eine Gemeinschaftsarbeit von Studenten der Fachhochschule für Gestaltung sowie der Entwurf einer sechs Meter hohen Stele von Manfred Kieselbach. Kieselbach ist damals schon mit zwei Erinnerungswerken in Mannheim vertreten, seine Plastik zur Lechleitergruppe und die in der Abendakademie aufgestellte Büste Paul Eppsteins haben durchaus vergleichbare zeitgeschichtliche Bezüge. Darüber hinaus spricht sich die Jüdische Gemeinde für die Aufstellung eines Mahnmals nach dem Vorbild von Bielefeld vor dem Hauptbahnhof aus; durch die Ortswahl soll an die Deportationen erinnert werden. Gleichwohl kann angesichts mangelnder Einbindung weiterer Unterstützer, einsetzender Zweifel am geplanten Aufstellungsort und auch wegen fehlender finanzieller Zusagen das Mahnmal in der auslaufenden Amtszeit Lothar Marks nicht mehr realisiert werden.

Mit dem Amtsantritt von Peter Kurz als Kulturbürgermeister werden die Grundgedanken für die Planungen überdacht. Die Einsicht, dass ohne Mittel aus dem städtischen Etat selbst ein mittelfristiges Ergebnis schlecht machbar sein wird, lässt Kurz auf informellem Weg vorgehen. Im Frühjahr 1999 finden erste Treffen unter Beteiligung von Stadtarchiv, Stadtjugendamt und Jüdischer Gemeinde statt. Im September 1999 tagt erstmals der nach weiteren Vorgesprächen gebildete Arbeitskreis, der das Projekt nun forcieren soll. Vertreter städtischer Fachämter und gesellschaftlicher Gruppierungen, Kommunalpolitiker und sachverständige Bürger arbeiten gemeinsam an dem Konzept. Die Empfehlung des Arbeitskreises geht dahin, *ein Mahnmal für die jüdischen Opfer des Nationalsozialismus zu errichten, das auch deren Namen dokumentieren soll. Dennoch sollte kein Ort des Totengedenkens geschaffen werden, sondern das Mahnmal auf den ungeheuren Beitrag der jüdischen Bevölkerung zur sozialen, wirtschaftlichen, politischen und kulturellen Entwicklung der Stadt Mannheim bis zum Nationalsozialismus verweisen. Es soll sich damit nicht auf den „Moment der Shoah" allein beziehen. Von zentraler Bedeutung [...] ist bei der Gestaltung auch, dass mit der Vertreibung und Ermordung der jüdischen Bevölkerung ein integraler Bestandteil aus der Mitte des städtischen Gemeinwesens gerissen wurde.*

Damit erweist sich der zuerst ins Auge gefasste Standort für ein „Mahnmal" vor dem Bahnhof als unpassend, da er allein auf den Augenblick der Deportation verweist und die Standortwahl die erfolgte Ausgrenzung bereits widerspiegelt. Unter der Bedingung, dem Mahnmal einen zentralen, qualitätsvollen Platz mitten im geschäftigen Treiben der City zu sichern, scheiden Standortalternativen aus, die in weniger belebten Teilen der Innenstadt liegen. Aus einer Reihe von Vorschlägen kristallisiert sich die Lage P 2 auf den Planken und im Herzen der Stadt heraus: Direkt am Paradeplatz, am Puls des Mannheimer Alltags soll das Denkmal stehen. Im Sommer 2000, kurz vor dem sechzigsten Jahrestag der Deportation der Juden, geht die Nachricht über den geplanten Standort an die Öffentlichkeit. Zwar erheben sich sogleich Stimmen, die wegen der Gefahr von Beschädigungen Bedenken geltend machen oder die Eignung des Platzes als Ort des Gedenkens anzweifeln. Sie bleiben jedoch ohne große Rückwirkung auf die Entscheidung.

Nach Abklärung der planungstechnischen Voraussetzungen stimmt am 22. Mai 2001 der Gemeinderat einer entsprechenden Verwaltungsvorlage einmütig zu und stellt für die Umsetzung des Projekts 895 000 DM zur Verfügung. Für die Vorbereitungsarbeiten und einen Wettbewerb sind daraus 95 000 DM vorgesehen. Die zu erledigenden Aufgaben sind schließlich größer als erwartet. Allein die Sichtung und Bereinigung der Datengrundlagen für die Namensliste erfordert beim Stadtarchiv die Einstellung einer eigenen Honorarkraft. Dabei kann auf den Datenbestand zurückgegriffen werden, der anfangs der sechziger

„Ich habe Dich bei Deinem Namen gerufen"

Jahre aus dem Melderegister sowie Entschädigungs- und Wiedergutmachungsakten erhoben und im Stadtarchiv seither weitergepflegt wurde. Diese Daten werden nun in einer eigenen Datenbank elektronisch erfasst. Unter Verwendung der Namensliste aus dem Spurensuche-Projekt des Jugendamts und durch Ergänzungen aus anderen Datenbeständen oder Einzelinformationen wird eine umfassende Übersicht der Mannheimer jüdischen Opfer des Nationalsozialismus zusammengestellt, die eine hinreichend verlässliche Basis für die Gestaltung eines Mahnmals bilden kann.

Es könnte hier der Eindruck entstehen, hinter der häufig doch recht nüchtern erscheinenden Aufzählung von Daten und Fakten stehe ein bürokratischer Antrieb, der – ähnlich den damaligen Verfolgern – versucht, die Opfer karteigerecht zu erfassen und zu verwalten, ohne ihrer Individualität gerecht zu werden. Legt die zwangsläufig alphabetische Sortierung zwecks Übersichtlichkeit diesen Gedanken auch nahe, bei der Arbeit mit den Informationen, die der Statistik zugrunde liegen, ergibt sich ein völlig anderes Bild. Nur wer die Umstände der Vertreibung und Vernichtung, die vorangegangenen Demütigungen, Quälereien und Ausplünderungen kennt, kann die schreckliche Konsequenz des Faktischen in ganzem Umfang ermessen. Was sagt uns das ermittelte Todesdatum 8. Mai 1945 anderes, als dass Menschen vor unseren Augen spurlos verschwunden sind? Was die Hilflosigkeit, mit welcher wir oft vor der Namensgleichheit mehrerer Personen stehen, ohne ausreichende Informationen, um sie als Individuen auseinander zu halten? Vor uns erscheinen Tausende von Schicksalen, eng mit dem Alltag unserer Stadt verflochten, Menschen, die in alle Regionen der Welt vertrieben wurden, wo nicht selten jede Aussicht fehlt, jemals ihr Schicksal zu erkunden. Es ist eine Arbeit, die nie zu einem endgültigen Abschluss finden kann. Eine Beschäftigung mit Namen und Daten, bei der man so manches Mal einhalten möchte, weil wieder ein weiterer Name auf die Liste der Ermordeten gesetzt werden muss. Dass sich mit dem Erkunden dieser Namen, Daten und Schicksale auch Bürokratie verbinden kann, darf nicht gegen ein Weiterführen der Dokumentation sprechen. Gleichwohl ist Vorsicht geboten, wem beispielsweise, wie bei der Erhebung in den sechziger Jahren geschehen, gedankenlos die einst von den Nationalsozialisten staatlich verordneten Beinamen *Israel* und *Sara* in die Formulare bzw. die Datenbank übernommen werden.

1|61|1	**Strauß Friederike**	
3|47|8	**Strauß Fritz**	
1|56|4	**Strauss Hans**	
3|12|1	**Strauß Hans Werner**	
3|53|4	**Strauss Helene**	
2|26|5	**Strauss Hermann**	
4|21|3	**Strauß Herz Hermann**	
4|19|10	**Strauß Irma**	
2|19|4	**Strauss Isidor**	
1|64|6	**Strauss Jenny**	
1|58|3	**Strauß Johanna**	
4|30|10	**Strauß Julius**	
1|63|1	**Strauss Karl**	
1|49|1	**Strauss Klara**	
1|46|8	**Strauss Leo**	
3|10|8	**Strauß Lilli**	
3|60|6	**Strauss Ludwig**	
2|4|5	**Strauß Mathilde**	
4|12|3	**Strauss Max**	
4|15|2	**Strauss Meta**	
3|28|6	**Strauss Moritz**	
3|36|1	**Strauß Nestor**	
2|42|8	**Strauß Olga**	
1|20|7	**Strauss Otto**	

Währenddessen wird im Juli 2001 der Wettbewerb von der Stadt Mannheim europaweit ausgeschrieben: *Zum Gedenken an die jüdischen Opfer des Nationalsozialismus in Mannheim soll in der Fußgängerzone vor dem Quadrat P 2 ein Mahnmal gestaltet werden. Das Mahnmal soll die Vor- und Zunamen der jüdischen Opfer des Nationalsozialismus in Mannheim enthalten. Korrekturen (Streichungen und Ergänzungen) müssen durchführbar sein.* Diese Bedingung wird allgemein als schwierigster Punkt bei der Umsetzung empfunden, umfasst doch die Namensliste nach ersten Schätzungen etwa 2300 Opfer. Gleichwohl ist hier der deutlichste Ausdruck der Gestaltungsabsicht zu finden, die dem ausgewählten Ort entsprechend einer „Visualisierung des Grauens" eine Absage erteilt und in der „Verdeutlichung des Verlusts" das zentrale Anliegen des angestrebten Denkmals sieht.

Zehn Künstler sind zur Teilnahme eingeladen, *eine Mischung aus Jüngeren und Etablierten,* so Bürgermeister Kurz im „Mannheimer Morgen". Nur fünf von ihnen, Jochen Kitzbihler, Mischa Kuball, Wolf Spitzer, Micha Ullman und Bruno Wank reichen letztendlich Gestaltungsvorschläge ein. Aus den fristgerecht eintreffenden zusätzlichen 86 Bewerbungen werden am 17. September im Losverfahren weitere 20 Anwärter ermittelt. Dem Wunsch der Beteiligten folgend, wird die Abgabefrist vom 30. November auf den 15. Januar 2002 hinausgeschoben. Insgesamt liegen zum Stichtag 22 Wettbewerbsbeiträge zur Beurteilung vor.

Die Sitzung der Jury, in der die Entscheidung über die Preisvergabe fallen soll, findet am 14. Februar 2002 in der Variohalle des Congress Centrums Mannheim statt. Nach eingehender Überprüfung der formalen Voraussetzungen schreiten die neun Preisrichter zur Begutachtung der eingereichten Vorschläge und Modelle. Mehrere Arbeitsgruppen teilen sich die Wettbewerbsarbeiten für einen ersten Rundgang auf und beschreiben die Ergebnisse ihrer Betrachtungen den anderen Gruppen. Im Rahmen eines ausgedehnten Informationsrundgangs werden die Arbeiten sorgfältig studiert und die Modelle in das Umgebungsmodell eingesetzt. Nach Rückfragen an die der Jury beigegebenen Sachverständigen schließt sich ein erster Wertungsrundgang an, in dem zwölf Beiträge ausgeschieden werden. Ein weiterer Wertungsrundgang reduziert die aussichtsreichsten Kandidaten auf drei, die in einem letzten Rundgang abschließend

„Ich habe Dich bei Deinem Namen gerufen"

bewertet werden. Am späten Nachmittag steht Jochen Kitzbihler mit seinem Entwurf eines leicht geneigten, auf die Mitte des Paradeplatzes hin ausgerichteten Glaskubus als erster Preisträger fest. Die Entscheidungsgründe der Jury werden im Protokoll kurz zusammengefasst: *Der Entwurf überzeugt durch seine gute Einbindung in die vorgegebene Platzsituation mit weitläufiger axialer Anbindung an den Paradeplatz. Der Glaswürfel bewahrt gegenüber der Vitalität der Umgebung seine Eigenständigkeit, ohne sich in Monumentalität zu flüchten. Besonders interessant erscheint unter diesem Aspekt das im ersten Moment provokative Farblicht, das sich vom Grau der Umgebung bewusst absetzt. Die Kompetenz der Farbsetzung ist hier wichtig. Die Jury lobte die Maßstäblichkeit bei gleichzeitiger Dissonanz durch die leicht geneigte Absenkung in die Bodenfläche. Die inwendige Beschriftung der vier Glaswürfelseiten mit den Namen der Opfer – auch in ihrer Spiegelwirkung – ist überzeugend. Sie thematisiert neben dem Kubus selbst den Verlust der Mitte gleichbedeutend mit dem Stellenwert der jüdischen Bevölkerung für Mannheim.*

Mit dem Wettbewerbssieger Jochen Kitzbihler kommt ein Künstler zum Zug, der enge persönliche Bindungen an die Region hat: 1966 in Ludwigshafen geboren, besucht er die Waldorfschule in Mannheim, um nach dem Abschluss einer Ausbildung als Steinmetz-Bildhauer an der Kunstakademie in Karlsruhe zu studieren. Schon die Präsentation seines Wettbewerbsbeitrags lässt aufhorchen, tritt sie doch an, in einem *alltagsorientierten Umfeld einen hohen kulturellen Wert zu schaffen, einen Ort, der auch Erhabenheit im Sinne von Würde ausstrahlt*, so der Künstler im Interview mit dem „Mannheimer Morgen". Ausgehend von der Definition *skulpturaler Gedenkarchitektur* betont Kitzbihler die *dialektische Spannung zwischen dem einst selbstverständlich Gewesenen, der Integration der jüdischen Gemeinde in den gesellschaftlichen Alltag der Stadt Mannheim, und dem Bewusstsein um den Verlust, den die durch den Nationalsozialismus betriebene Vernichtungspolitik des Holocaust in die gesellschaftliche Struktur der Stadt geschlagen hat.* Dieser Leitgedanke vergegenständlicht sich in dem gläsernen Kubus, der in seiner quadratischen Grundfläche die städtebauliche Struktur der „Idealstadt" Mannheim aufnimmt und direkt auf die Stadtmitte, den Paradeplatz hin orientiert ist. Im sozialen Getriebe des Zentrums soll aus dem Leerraum des Kubus heraus *einerseits dem Erinnern ein sichtbarer*

Das Einstrahlen der Namenszüge auf die Glastafeln sowie deren Montage erfolgt in der Werkstatt von Metallbauer Bernd Funk in Offenbach bei Landau
Foto: Keese

Ort gegeben werden, der andererseits kein veräußerlichtes Monument bildet, sondern den Passanten im Sinne einer historischen Passage in die persönliche und individuell geprägte Erinnerungsarbeit mit einbeziehen will. Wichtiges Mittel für diese angestrebte Wirkung ist der materielle Ausdruck, der aus der kristallinen Wirkung der Glastafeln heraus entsteht. Die Namen der Opfer sollen von innen auf die drei Meter hohen Verbundglasplatten sandgestrahlt werden, die über die Glasflächen laufenden Schriftzüge – von außen in Spiegelschrift wahrnehmbar - bilden somit einen Schleier, der sich in der Durchsicht überdeckt und entsprechend den jeweiligen Lichtverhältnissen Schattenrisse wirft.

Wie nach dem schnell feststehenden Wettbewerbsausgang nicht anders zu erwarten, signalisieren die Beteiligten ihre Zufriedenheit mit dem Ergebnis. Auch in der bis dahin kritisch pointierten Berichterstattung von Anke Philipp im „Mannheimer Morgen" erfährt Kitzbihlers Projekt eine positive Bewertung als gelungenste und aussagekräftigste Arbeit des Wettbewerbs. Zufrieden zeigt sich auch Bürgermeister Peter Kurz, als er am 19. Februar gemeinsam mit dem Fachpreisrichter der Jury Helmut Striffler das Ergebnis im jüdischen Gemeindezentrum der Öffentlichkeit vorstellt. Architekt Striffler würdigt in dieser Veranstaltung die Entwürfe des Wettbewerbs, vor allem den Wettbewerbssieger, und erläutert die Gründe für die Urteilsfindung des Preisgerichts.

Nächste Station ist der Hauptausschuss des Gemeinderats, der sich am 16. April mit großer Mehrheit für die Realisierung des preisgekrönten Entwurfs ausspricht. Der gesamte Gemeinderat folgt dieser Empfehlung am 23. April bei nur einer Enthaltung. In der Gemeinderatssitzung unterstreicht Oberbürgermeister Widder unter dem Beifall der Sitzungsteilnehmer erneut den wichtigen Beitrag der jüdischen Bevölkerung zur Entwicklung Mannheims vor dem Nationalsozialismus. Nach der Zustimmung der politischen Repräsentanten ist der Weg frei zur baulichen Umsetzung. Tatsächlich treten in einer Anfangsphase jedoch eine Reihe rechtlicher Probleme auf, mit denen in dieser Form nicht gerechnet worden war. So kommt es zu Unstimmigkeiten zwischen Künstler und Stadtverwaltung über die Vertragsgestaltung und die Finanzierungsmodalitäten. Auch die technische Umsetzung des Entwurfs erweist sich als außerordentlich schwierig, da mit der Materialauswahl Neuland betreten wird. Die Stärke der Glasplatten, die Art der Bearbeitung und ein Werkstoff zu deren Verfügung müssen gesucht werden. Erst das Hinzutreten des Mannheimer Architekten Helmut Striffler als Baufachmann fördert den Fortschritt der Planungen. Strifflers tatkräftiger Hilfestellung ist es zu verdanken, dass der Entwurf des Wettbewerbssiegers in Richtung Machbarkeit entwickelt werden kann. Auf der Basis von statischen Berechnungen von Johann-Dietrich Wörner, einem international anerkannten Fachmann der TU Darmstadt, wird die von der Stadtverwaltung in Auftrag gegebene Machbarkeitsstudie erstellt, die eine von der Stadt geforderte hinreichende Kostensicherheit garantieren kann. Durch Strifflers Vermittlung kann letztendlich die zwischen den Projektpartnern eingetretene große Verunsicherung abgebaut werden. Nach dem endgültigen Vertragsabschluss zwischen Kitzbihler und der Stadt Mannheim am 15. August 2003 wird nun auf dem mittlerweile von störenden Telefonkabeln und Leitungen befreiten Standort am 17. September mit den Vorbereitungen für den Aufbau begonnen. Über einem in den folgenden Wochen entstehenden kellerartigen Fundament, das einen ständigen Zugang für Wartung und Reparaturen gewährleistet, soll später von dem Metallbauunternehmen Bernd Funk aus Landau der Glaskubus aufgestellt werden. Funk wird im Lauf der nächsten Monate die Namen auf die 24 mm starken Glasplatten strahlen und diese zusammenfügen. Die Montage vor Ort erfolgt wenige Tage vor der Enthüllung.

Eine letzte Irritation zwischen den Beteiligten ergibt sich über den Text einer im Boden einzulassenden Metalltafel, die in wenigen Worten den Bezug zum historischen Hintergrund und die Verantwortlichen für die Gedenkskulptur benennen soll. Der von dem Mannheimer Autor und Kabarettisten Hans-Peter Schwöbel entworfene Text erscheint Kitzbihler und Striffler zu umfangreich, sie wünschen sich ein Erkennen hauptsächlich aus dem Begreifen der Skulptur heraus. Letztendlich kann jedoch mit einem für alle Beteiligten tragbaren Vorschlag eine gemeinsame Lösung gefunden werden.

Als am 21. November der Tieflader mit dem fertig montierten Glaskubus durch die Breite Straße in die Planken rollt, wird er vom städtischen Baudezernenten Lothar Quast sowie weiteren städtischen Mitarbeitern, Mitgliedern des Arbeitskreises und der Presse erwartet. Die kleine Gruppe vermehrt sich um weitere am Entstehungsprozess Beteiligte. Auch Neugierige sammeln sich, als nach letzten Arbeiten am Straßenpflaster mit dem Einpassen der Trägerkon-

Oberbürgermeister Gerhard Widder spricht bei der Enthüllung der Gedenkskulptur
am 25. November 2003
Foto: Proßwitz

104 „Ich habe Dich bei Deinem Namen gerufen"

struktion begonnen wird. Schließlich schwebt der Glaswürfel, an Trageseilen befestigt, über seinem zukünftigen Standort, wird ohne Probleme eingepasst. Gegen 15 Uhr sind die Arbeiten beendet, dem für den 25. November vorgesehenen festlichen Moment der feierlichen Übergabe steht nichts mehr im Weg.

Umringt von etwa 400 Zuschauern beginnt die Feier um 15 Uhr mit einer Ansprache von Oberbürgermeister Widder. In eindringlichen Worten beschreibt er noch einmal die Rolle der Juden in der Geschichte Mannheims, lobt den Kubus als *Leuchtzeichen, das an die einstige Blüte jüdischen Lebens und jüdischer Kultur in unserer Stadt erinnern kann.* Eine Blüte, die Widder mit der Nennung einer Reihe von Namen bedeutender, aus dem Judentum stammender Persönlichkeiten verbindet. Die Aufstellung der Gedenkskulptur mit den 2 240 Namenszügen verbindet er mit der Willenskundgebung, *dem Gedenken, dem Mahnen und der Erinnerungspflege einen unübersehbaren zentralen Ort und damit neuen Anstoß für eine menschliche, friedliche Zukunft* zu geben. Am Ende seiner Rede mahnt er an, die Lehren aus der unseligen Vergangenheit zu ziehen: *Gedenken wäre eine leere Hülse, wenn es nicht begleitet würde von verantwortlichem Handeln. Hier stehen wir weiter vor großen Aufgaben, weil es nicht zu leugnen ist, dass wir uns immer wieder mit Fremdenfeindlichkeit und Antisemitismus auseinander setzen müssen. Wir dürfen es nicht zulassen, dass Einzelne oder Gruppen an den Rand gedrängt werden, weil dies schnellen und fragwürdigen Beifall beschert. Unsere Bekundungen, alles tun zu wollen, dass Ereignisse, wie wir sie heute beklagen, nie mehr geschehen können, werden unglaubwürdig, wenn wir solchen Entwicklungen nicht couragiert entgegentreten.*

Mit diesen Worten steht ein Findungsprozess vor seinem Abschluss, auf dessen Ergebnis Mannheim mit Recht auch ein wenig stolz sein darf. Ist doch der Glaskubus eine durchaus eigenwillige Lösung in Form und Gestalt, werden der Begrifflichkeit des Mahnens, wie sie anfangs aus der Debatte anderer Städte in Mannheim adaptiert wurde, mit der Umsetzung in ihre jetzige Form produktive, in die Zukunft gerichtete Aspekte abgewonnen. Dem Gedenken ist damit ein weiterer Meilenstein hinzugefügt, ein „Stolperstein", der uns auffordert, nicht abzulassen vom großen Ziel unserer Verfassung: *Die Würde des Menschen ist unantastbar.*

Rück- und Ausblick

Ein Jahr nach der Übergabe des Kubus lädt die Gesellschaft für christlich-jüdische Zusammenarbeit in der Konkordienkirche zu einer Podiumsdiskussion ein, an der nach einer kleinen Feier an der Gedenkskulptur etwa 100 interessierte Bürgerinnen und Bürger teilnehmen. Ziel dieser Veranstaltung ist der Versuch einer Zwischenbilanz, einer Bewertung der Wirkung des Glaskubus und seiner Annahme durch die Bevölkerung. Einhellige Meinung der Anwesenden ist die Zufriedenheit mit dem Gesamtergebnis, hinter der die Erinnerung an vorausgegangene inhaltliche Auseinandersetzungen und technische Probleme verblasst. Kurz zuvor waren rechtzeitig zum Jahrestag der Enthüllung auch erstmals Ergänzungen der Namensschriftzüge vorgenommen worden. Denn mit der Aufstellung des Kubus setzt auch erneut eine rege Beschäftigung mit den Ereignissen des Holocaust ein, melden sich Überlebende oder deren Nachkommen, teilen Hintergründe über den Verbleib ihrer Väter, Mütter oder Geschwister mit, die bisher nicht bekannt waren. Die Aufklärung der Schicksale geht einher mit der Berichtigung und Ergänzung der Daten. Man mag dies in dem Sinne beklagenswert finden, dass hinter diesen Daten die jeweiligen individuellen Menschenleben auch verschwinden können. Unser Wille ist ein anderer. Möglicherweise wird dies in der Zukunft das letzte Zeugnis für das grausame Geschehen sein, das uns vor Scham für unsere Eltern und Großeltern erblassen lässt. Damit diese Scham nicht folgenlos bleiben möge, müssen wir unser Wissen festhalten, um es für die Zukunft im Sinne eines Lernens aus der Vergangenheit fruchtbar zu machen. Nein, wir können die Vergangenheit damit nicht korrigieren, das kann und darf unser Ziel nicht sein. Wir wollen einen neuen Anfang gestalten, im Sinne der Worte, die der Mannheimer Stadtrabbiner aus *namenloser Zeit* (Martin Buber) Max Grünewald im März 1987 aus New York der Festschrift zur Einweihung des jüdischen Gemeindezentrums in Mannheim F 3 beisteuert: *Was wir hier vor uns sehen, ist keine Fortsetzung. Auch wenn manches in der Vergangenheit nicht nur als Erinnerungsmal, sondern auch als*

Der Kubus bei Nacht, Sommer 2004
Foto: Schwab, StadtA Mannheim, Bildsammlung

Wegweiser dient. Aber auch hier gibt es eine Kontinuität. Und wir staunen, dass es nach einer solchen Katastrophe überhaupt wieder Anfänge gibt, dass es danach überhaupt so etwas wie eine Wiedergeburt gibt. [...] Vielleicht wird hier, auch hier das größte Wunder unserer Geschichte Ereignis, das Wunder eines neuen Anfangs.

Editorischer Hinweis

Zugunsten einer besseren Lesbarkeit des Texts wurde die Zahl der erwähnten Persönlichkeiten, die sich Verdienste um die Gedenkkultur in Mannheim erworben haben, bewusst reduziert auf die im jeweiligen Zusammenhang wichtigen Personen. Aus dem gleichen Grund wurde bei ihnen auf die Anführung von beruflichen Qualifikationen oder Ehrentiteln verzichtet.

Die Bilder des Kubus auf Seite 8 und 12 wurden im Sommer 2004 aufgenommen, auf Seite 117 im Herbst. Fotografien von Kathrin Schwab, Stadtarchiv Mannheim – Institut für Stadtgeschichte.

Quellennachweis

Daten und Zitate sind der bekannten Literatur zur Geschichte der Jüdischen Gemeinde in Mannheim entnommen. Die hauptsächlich benutzten Titel sind in der folgenden Zusammenstellung aufgeführt.

Bayer, Tilde: Die Juden in Mannheim während der Regierungszeit des Kurfürsten Karl Ludwig 1661–1680. Magisterarbeit Universität Mannheim 1988

Bayer, Tilde: Minderheit im städtischen Raum. Sozialgeschichte der Juden in Mannheim während der 1. Hälfte des 19. Jahrhunderts (Quellen und Darstellungen zur Mannheimer Stadtgeschichte Bd. 6). Stuttgart 2001

Bosch, Manfred: Vom Bürgerschreck zum Theatervisionär: Moritz Lederer: europäischer Grenzgänger aus Mannheim. Eine biographische Skizze. Mit einem Beitrag zum Nachlass Moritz Lederer im Stadtarchiv Mannheim von Hans-Joachim Hirsch (Kleine Schriften des Stadtarchivs Mannheim Nr. 14). Mannheim 1999

Felsenthal, Simon: Die jüdische Gemeinde Mannheim im ersten Jahrhundert des Bestehens der Stadt. In: IGBI 9 (1931), S. 9 ff.

Fliedner, Hans-Joachim: Die Judenverfolgung in Mannheim 1933–1945. Bd. 1: Darstellung. Bd. 2: Dokumente (Veröffentlichungen des Stadtarchivs Mannheim Bde. 1 u. 2). Stuttgart/Berlin/Köln/Mainz 1971

Hirsch, Paul R. (Hg.): Die Mannheimer Judenschaft am Ende des 18. Jahrhunderts. Aus den Erinnerungen von Julius Lehmann Mayer. In: MGBI 1922, Sp. 178 ff.

Jüdisches Gemeindezentrum Mannheim F 3. Festschrift zur Einweihung am 13. September 1987 – 19. Ellul 5747. Hg. vom Oberrat der Israeliten Badens, Karlsruhe u.a. (Sonderveröffentlichung des Stadtarchivs Mannheim Nr. 17). Mannheim 1987

Keller, Volker: Bilder vom jüdischen Leben in Mannheim (Sonderveröffentlichung des Stadtarchivs Mannheim Nr. 19). Mannheim 1988

Keller, Volker: Jüdisches Leben in Mannheim. Mannheim 1995

Laharie, Claude: Le camp de Gurs 1939–1945. Un aspect méconnu de l'histoire de Vichy. 2. Aufl. o. O. 1993

Maas, Hermann / Radbruch, Gustav (Hrsg.): Den Unvergessenen. Opfer des Wahns 1933–1945. Heidelberg 1952

Rosenthal, Berthold: Heimatgeschichte der badischen Juden. Bühl (Baden) 1927

Sauer, Paul: Dokumente über die Verfolgung der jüdischen Bürger in Baden-Württemberg durch das nationalsozialistische Regime 1933-1945 (Veröffentlichungen der Staatlichen Archivverwaltung Baden-Württemberg Bde. 16/17). Stuttgart 1966

Sauer, Paul: Die Schicksale der jüdischen Bürger Baden-Württembergs während der nationalsozialistischen Verfolgungszeit (Veröffentlichungen der Staatlichen Archivverwaltung Baden-Württemberg Bd. 20). Stuttgart 1969

Walter, Friedrich: Mannheim in Vergangenheit und Gegenwart. Bde. 1 und 2. Mannheim 1907

Schicksal einer deutschen Stadt. Geschichte Mannheims 1907-1945. Bde. 1 und 2. Frankfurt a. M. 1948/50

Watzinger, Karl Otto: Geschichte der Juden in Mannheim 1650-1945 mit 52 Biographien. Mit einer Übersicht über die Quellen im Stadtarchiv Mannheim zur Geschichte der Juden von Jörg Schadt und Michael Martin (Veröffentlichungen des Stadtarchivs Mannheim Bd. 12). Stuttgart/Berlin/Köln/Mainz 1987

Insbesondere für die neuere Zeit wurden auch Meldungen und Berichte verschiedener Zeitungen als Quellen benutzt, hauptsächlich der jeweiligen Tageszeitungen („Mannheimer Journal", „Generalanzeiger", „Neue Mannheimer Zeitung", „Mannheimer Morgen"). Teilweise wurden die einschlägigen Artikel in der Zeitungsausschnittesammlung (ZGS) des Stadtarchivs Mannheim - Institut für Stadtgeschichte ermittelt. Darüber hinaus wurde das „Israelitische Gemeindeblatt" (IGBl) durchgesehen und zitiert (Jge. 1922-1938, verfilmt).

Aus den Quellenbeständen des Stadtarchivs – Institut für Stadtgeschichte wurden folgende Positionen benutzt:

Ratsprotokolle 1935, 1987, 1992

Beschlussvorlage des Gemeinderats vom 2.5.2001

Beschlussvorlage des Gemeinderats vom 7.3.2003

Dezernatsregistratur, Zug. 13/1977, Nr. 1485, ehemaliger jüdischer Friedhof F 7, 1-2

Dezernatsregistratur, Zug. 13/1977, Nr. 620, Ausstellung der Liga für Menschenrechte „Die Vergangenheit mahnt"

Liegenschaftsamt, Zug. 23/1970, Nr. 581, Israelitische Gemeinde, Lgb. Nr. 2766, F 7, 1 und 2

Stadtarchiv, Zug. 22/1983, Nr. 3, Nr. 5 u. Nr. 6, Dokumentation zur Geschichte der Mannheimer Juden, Bde. 1-3

Stadtarchiv, Zug. 22/1983, Nr. 61, Gedenkbuch jüdischer Bürger 1933-1945

KFG, Zug. 40/1971, Nr. 211, Disciplin Spezialfälle

KFG, Zug. 40/1971, Nr. 262, Lehrer, Betreff Baumann

KFG, Zug. 4/1977, Nr. 8, Protokollbuch für das Großherzogl. Karl-Friedrich-Gymnasium Mannheim 1917-1921

Kleine Erwerbungen, Nr. 37, 1-4, Chronik der Hauptstadt Mannheim 1863-1866

ADOLF MAX SCHWEIZER

JOHANNA SOMMER

ROTHSCHILD RECHA APPEL

SIEGMUND STRAUB

KRISTELLER AUGUSTE STEI

KARL EICHBERG

FRIEDA SINGER WERNER LEVY SÜSSMANN SIEGMUND LAUFER
ROSA OTTENHEIMER ALFRED WOLFF SIEGFRIED MENDELSOHN

LIESE GERTRUD SOHN HERTHA LICHTENBERGER HILDE FALK
MARGARETHA AUGUSTA MARTHA BING ERNST NEUMARK
RUDOLF HIRSCH SOPHIE HOCKENHEIMER ALBERT BODENHEIM

KURT SIGMAR GUTKIND EMMA MERDINGER

Im Grenzbereich
Die Gedenkskulptur für die jüdischen Opfer des Nationalsozialismus in Mannheim

Im Grenzbereich. Die Gedenkskulptur für die jüdischen Opfer des Nationalsozialismus in Mannheim

Gespräche mit Jochen Kitzbihler und Helmut Striffler,
geführt von Bernd Künzig und Hans-Joachim Hirsch

Bernd Künzig: Am Anfang interessiert mich, wie du mit der Aufgabenstellung eines Mahnmals zur Verfolgung und Vernichtung der jüdischen Gemeinde Mannheims umgegangen bist, ob du das im ersten Moment als belastend empfunden hast, zumal die Diskussion gerade um Denkmäler, die sich mit dem Holocaust auseinandersetzen, ja äußerst aufgeladen ist, wenn man an das Berliner Holocaust-Denkmal denkt. Wie bist du also im Kontext dieser vielfältigen und vielschichtigen Diskussionen vorgegangen?

Jochen Kitzbihler: Den jahrelangen Prozess in Berlin habe ich natürlich mitverfolgt und sah mich im Mannheimer Wettbewerb plötzlich als Teil dieser komplexen und sicher auch verfahrenen Diskussion. Ich spürte die Chance, aber schon auch eine gewaltige Herausforderung, die manchmal eine enorme Belastung war – also nicht nur zu kritisieren und theoretisch zu diskutieren, wie man es besser hätte machen können, sondern tatsächlich die Sache noch einmal aus einer anderen Perspektive und von einem eigenen Standpunkt her anzugehen.

Meine persönlichen Kritikpunkte an der Konzeption des Berliner Mahnmals haben mich in der Entwurfsphase sehr bald zu der Einsicht geführt, dass ich auf diese schwere und grundsätzlich dunkle Thematik deutscher

Geschichte nicht mit den Materialien Stein, Stahl oder Beton reagieren kann. Gerade weil mir ein reflektierter Umgang mit Masse, Volumen und Material wichtig ist, hinterfrage ich deren Sinnhaftigkeit und Verwendung umso mehr. Aus meiner Arbeitserfahrung mit Gegensätzlichkeiten schien es mir nahe liegend, in Gegenüberstellung zu dem düsteren historischen Geschehen eine andere, transparente, leichte Lösung zu finden.

Dabei waren die Vorgaben und Bedingungen für das zunächst so genannte Mahnmal für die jüdischen Opfer des Nationalsozialismus in Mannheim wirklich eng gefasst. Zum einen der von der Stadt bewusst gewählte und vorgegebene Standort mitten in der Stadt am Paradeplatz – einer Konsum- und Einkaufsmeile, wie man sie aus jeder größeren Stadt kennt –, zum anderen wurde in der Auslobung deutlich, dass die Namen der 2 300 Opfer erscheinen sollten, eine schon enorm vorgeprägte Aufgabenstellung, die über die übliche, ohnehin schwierige Realisierung von Kunst im öffentlichen Raum noch hinausging.

Die über lange Zeit entwickelte stille Reduktion, die Zurücknahme von individuell Künstlerischem und die wichtige Miteinbeziehung von Umraum in meiner Arbeit führten mich dazu, das Projekt zunächst einmal in diese

Bedingungen einzuordnen, um auf anderem Wege dann wieder eine Kraft und Eigenständigkeit entstehen zu lassen. Es kam nach einigem Ringen die Idee zu dem 3 × 3 × 3 m großen Glaswürfel, auf den die Namen der Opfer im Innern sandgestrahlt sind und in dem als drittes Element das Licht von unten hinzukommt – also alles war sehr weit, fast bis zur materiellen Auflösung getrieben ... ich bin mit dem Entwurf technisch und ästhetisch an die Grenze des Machbaren gegangen.

In der Arbeit spielen auch unterschiedliche Lichtwirkungen eine Rolle – gibt es, wenn man das so sagen kann, eine Tag- und eine Nachtversion. Was hat das inhaltlich zu bedeuten, und wie ist der Umgang damit?

Das Licht brennt durchgehend, auch am Tage. Da wird allerdings mehr die geometrische Präsenz des teilweise spiegelnden Würfels deutlich, der ja die Fußgängerzone, eine der Hauptachsen in Mannheim, auch versperrt – also ein Stück Irritation, geschaffen in dieser innerstädtischen Passage. Die wechselnden dialektischen Prinzipien, einerseits das Versperren, andererseits die Transparenz dieser gewissermaßen idealisierten Architektur, das kommt bei Tageslicht schon zum Ausdruck – auch dass man den gegenüber stehenden Betrachter sieht, also hindurchblicken kann.

Aus dieser Transparenz kommt bei Tag auch ein Spiel mit dem Sonnenlicht zustande. Die sandgestrahlten Na-

Bildhauer Jochen Kitzbihler im Sommer 2004 vor seinem Glaskubus Foto: Schwab, StadtA Mannheim, Bildsammlung

men werden je nach Sonneneinstrahlung in den umliegenden Außenbereich des Kubus projiziert, als Schattenwurf ... oder sogar auf die Passanten und Betrachter selbst ... während sich nachts die äußeren Lichtverhältnisse umkehren und das Kubusvolumen von innen heraus definiert wird. Dieses von innen heraus Definieren kommt aus meinem bisherigen skulpturalen Umgang mit Stein und war mir ein wichtiges Anliegen. Daher habe ich auch die Namen spiegelverkehrt eingebracht, so dass sie quasi von innen umgestülpt – aus einer Innensicht heraus – in der Glasscheibe erscheinen.

Aber spiegelverkehrt heißt eben auch, sie sind nur schwer zu entziffern.

Ja, das wird von manchen als besondere Herausforderung gesehen, die Namen zu entziffern – manche fühlen sich gar provoziert und reagieren empört ... aber das ist nicht direkt meine Absicht. Meine Erfahrung ist, dass man, eine gewisse Bereitschaft vorausgesetzt, durchaus gut spiegelverkehrt lesen kann. Es ist so eben mehr ein konzentriertes Entziffern, was ja den Prozess des Hinein-Denkens und Gedenkens geradezu einleiten kann.

Man kann natürlich auch ohne weiteres durch den Würfel hindurchblicken und die Namen auf der anderen Seite lesen, was ebenso ein „Einlassen" auf die Sache anregt oder fordert.

Es gab also auch empörte Reaktionen?

Ja, diese Gedenkskulptur ist natürlich nicht bedingungslos in Ruhe und Konzentration zu betrachten, denn fast die gesamte Umgebung ist ja auf schnelle Aneignung und Konsum ausgerichtet. Und da plötzlich steht ein Objekt, welches sich einer direkten Vereinnahmung verweigert. Diesen Störfaktor im Sinne von Irritation zu schaffen war mir wichtig, und Empörung als Reaktion ist dann eben ein Teil davon.

Im Unterschied zu den Konsumangeboten, die man trinkend und essend in dieser Fußgängerzone zu sich nehmen kann, ist das, was hier ästhetisch angeboten wird, unverdaulich.

Es ist ja auch ein ganz unverdaulicher Geschichtsabschnitt, eine ungeheuerliche und eigentlich immer noch unfassbare Sache, deswegen beschäftigt sie uns ja bis heute immer wieder auch aus gutem Grund.

Es geht wohl darum zu aktivieren. Man muss als Betrachter etwas tun, und das ist ja eigentlich auch wichtig, dass man selbst etwas macht in der Auseinandersetzung mit Geschichte, denn der Betrachter hat ja auch selbst aktiv etwas mit der Geschichte zu tun.

Diese Aktivität anzuregen, also ein Verhältnis zwischen dem Jetzt und der Geschichte zu schaffen, darum ging es mir auch. Und wenn ich vor Ort bin, sehe ich immer wieder Situationen, in denen auch genau dies spontan passiert, Menschen ganz verschiedenen Alters, die gedankenversunken dort stehen und „eintauchen", oder ein Jugendlicher, der im Vorübergehen umkehrt, um ein Foto zu machen. Aus diesem neugierigen sich Einlassen habe ich viele positive Resonanzen von Mannheimer Bürgern bekommen.

Jetzt gibt es noch eine andere Dimension, die ich in-teressant finde. Es geht um einen ästhetischen und formalen Bezug zur urbanen Architektur. Als Kubus wirkt die Gedenkskulptur auch wie eine Art Architektur, und wir haben diese relativ statischen Gebäude in der Mannheimer Fußgängerzone, die etwas Kubusartiges haben. Im Prinzip handelt es sich doch um einen Architekturkörper. Was ist für dich da idealisierte Architektur?

Die Arbeit markiert eine Übergangsstelle zwischen Architektur und Skulptur, ich habe es in der theoretischen Darlegung sogar als *skulpturale Gedenkarchitektur* bezeichnet, was für manche etwas überzogen klingen mag. Aber das umschreibt eigentlich genau das architektonische „Raumbilden" und zugleich das Entgegengesetzte, dieses Herausnehmen von Volumen aus dem Stadtraum.

Der unbegehbare Glaskubus entnimmt, ja skulptiert in gewisser Weise den Stadtraum. Eine Stelle, die über lange Zeiträume öffentlich begehbar war, wird plötzlich unbetretbar – hier habe ich das skulpturale Prinzip auf den öffentlichen Raum übertragen. Mit dem aus sechs quadratischen Flächen aufgebauten Kubus habe ich mich natürlich auch affirmativ auf den Gesamtraum, auf die Quadrate-Stadt und deren – jüdisch geprägte – Geschichte bezogen.

Diese Glasskulptur wurde auf der Grundlage architektonischer Kriterien, die sehr maßgebend waren, in einer engen Zusammenarbeit mit dem Architekten Helmut Striffler geplant und realisiert. Wir kooperierten außerdem mit einem erfahrenen Statik-Ingenieurbüro und waren beispielsweise durch die Bedingungen im Untergrund mit einer komplizierten Fundamentplanung konfrontiert. Das alles erforderte bis in die Realisierung ein hohes Maß an Architekturerfahrung und hatte einen Arbeitscharakter, der durchaus vergleichbar ist mit einem sensiblen, künstlerischen Architekturprojekt.

Da möchte ich jetzt noch einmal nachfragen, was für dich speziell an dieser Arbeit, bei der du diesen Begriff gebraucht hast, idealisierte Architektur ist.

Diesen Begriff verwende ich nicht, um das Werk ästhetisch zu erhöhen, sondern um es zu charakterisieren, zu definieren. Architektur besitzt ihrem Wesen nach schon immer eine Verwandtschaft zur Skulptur und umgekehrt – archaisch betrachtet sind es die gleichen Ursprünge. Idealisiert sage ich, weil sich in diesem Projekt wieder beides aufeinander zu bewegt. Also die Architektur ist hier so weit entfunktionalisiert, dass sie skulpturalen Charakter annimmt. Andererseits ist die Skulptur so weit reduziert, dass sie offenkundige architektonische Merkmale zeigt. Das meine ich in diesem Fall mit idealisiert.

Dieses sich Einlassen auf eine architektonische Vorgehensweise hat wiederum hohe künstlerische Wachsamkeit während der Planung und Realisierung gefordert. Im unmittelbaren Entstehungsprozess musste man die dargestellte erweiterte Betrachtungsweise eher ablegen – das heißt, wir mussten auch immer wieder daran erinnern, dass es sich natürlich nicht um eine profane Zweckarchitektur, sondern um die Verwirklichung eines Kunstwerks handelt. Diesen Wechselprozess habe ich auch als Bereicherung erlebt.

Bei der Arbeit fällt einem natürlich sofort ein Bezug zu den Quadern und Kuben von Dan Graham ins Auge, aber er würde das, glaube ich, nicht als eine idealisierte Architektur ansehen, im Gegenteil. Es gibt ja einen sehr schönen Text von Jeff Wall über die Formen, die Dan Graham erfunden hat, auch in Bezug auf Mies van der Rohe und das Glashaus von Philip Johnson.[1] Und dort, wie auch bei einigen Arbeiten Dan Grahams, finden wir ein ähnliches Verhältnis von Tages- und Nachtversion. Bei dem Glashaus von Johnson ist es ja so, dass man tagsüber nicht hinein schauen kann, sondern man hat diese Spiegelung. Spiegelung hast du bei deiner Arbeit auch. Und nachts gibt es die Möglichkeit, aus dem Haus zu schauen, nicht mehr, weil es draußen dunkel ist. Und dafür hat derjenige, der außen steht, die Möglichkeit, ins Haus hineinzublicken, also eine Beobachtungssituation einzunehmen. Nur würde Jeff Wall diese auch auf deine Mannheimer Arbeit zu übertragenden Bedingungen als einen apokalyptischen Zustand interpretieren. Er hat das, auf die Graham-Arbeiten bezogen, als einen apokalyptischen Zustand einer Gesellschaft im Überwachungszustand bezeichnet. Also Überwachung ist ja das eigentlich große Thema der Glaskuben von Graham, und da wäre es schon interessant zu wissen, ob dir diese Nähe zu Graham bewusst gewesen ist. Ich finde diese Nähe schon sehr spannend, weil Dan Graham ja nie eine Arbeit realisiert hat, die sich auf eine explizite historische Situation oder eine explizite historische Größe bezieht. Hier – so könnte man es lesen – hast du das aber zusammengebracht.

Die formale Nähe war mir schon bewusst, und es gibt sicher Parallelen und Abgrenzungen zu dem Künstler Dan Graham, dessen Umgang mit Naturraum und öffentlichem Raum mich durchaus beeindruckt. Ich habe die Idee für den Glaskubus zunächst aus meiner Ikonografie und einer ganz stark eigenen Motivation entwickelt. Auf diesem Weg kam ich – wie vorhin beschrieben – weg vom Material, hin zu einem einsehbaren Volumen, quasi einem entstofflichten, monolithischen Leerraum. Das klingt widersprüchlich, aber um diese Spannung ging es mir von der Idee her.

Ein Mahnmal baut man, und es ist hier ein Stück weit eine architektonische Anlage. Das ist sehr schön gelöst. Wichtig finde ich noch die Dialektik, zwischen der Eleganz des Objekts, seiner Leichtigkeit, und dem Thema, das nun überhaupt nicht elegant ist und auch nicht leicht, sondern eigentlich schwer und bedrohlich. Und da finde ich es sehr gelungen an deinem Ansatz, dass die dialektische Spannung so herauskommt. Deine Gedenkskulptur funktioniert im Grunde genommen wie ein Gedicht von Paul Celan, wo man auch die Auseinandersetzung mit dem Tod und der Apokalypse hat, im Sinne der wirklichen Vernichtung aus der Geschichte heraus, und gleichzeitig eine Form, die eine sprachliche Eleganz besitzt.

Ja, dies ist die Art von ästhetischem Ausdruck, die ich in eine bildnerische Form umgesetzt habe – um in gewisser Weise auch eine akademische Art von Ästhetikverweigerung zu überwinden. Was die Inhalte angeht, nimmt es auch Bezug auf Positionen wie die von Graham, z.B. die Ausgrenzung der Passanten oder den gegenüberstehenden Betrachter zu beobachten ... ein unter Umständen psychologisches Moment. Das sind natürlich kontextuelle Hintergründe, die die Arbeit in Vibration bringen.

Für diesen Inhalt hast du andere Lösungen gefunden als Graham, weil bei Graham die Räume ja immer noch betretbar sind. Das Innen-Außen-Verhältnis ist sehr wichtig. Aber ich nehme an, es ist deine bewusste Entscheidung, dass du den Betrachter aus dem Innenraum aussperrst. Er gehört ihm nicht.

J.K.: Richtig, das spiegelt ja auch in gewisser Weise das Geschehene wider, allerdings auch im doppelten Sinne. Einerseits Ausgrenzung als Sinnbild für den gesellschaftlichen Umgang mit dem angeblich Fremden. Andererseits erscheinen die Namen wie in der jüdischen Tradition als Ausdruck realer, lebendiger Existenz, für sich stehend und zueinander gekehrt, in einem Raum der Opfer ...

... der auch nur diesen Opfern gehört. Und sie bleiben für sich. Dieser Innenraum ist kein im Stadtraum integrierter Raum. Er ist ausgegrenzt, aber dennoch vollkommen einsehbar von allen Seiten.

In dieser Spannung kann Gedenken vielleicht erst einsetzen. Der Einblick ist klar möglich, aber der Raum ist nicht mehr betretbar – das ist der Verlust, der thematisiert wird. Der Verlust ist nicht symbolisch, stellvertretend als schwarz polierter beschrifteter Stein mit einer betroffenen Aufschrift, sondern sichtbarer Ausdruck des Verlusts im Benennen und Zuordnen der tatsächlichen Namen der Opfer. Dieses Zuordnen der Opfer in einer offenen Relation zur gegenwärtigen Außenwelt ist sicher ein zentraler Aspekt des Gedenkens und dieser Gedenkskulptur.

1 Jeff Wall: Dan Grahams Kammerspiel. In: Jeff Wall: Szenarien im Bildraum der Wirklichkeit. Essays, Interviews. Dresden 1997, S. 89-187.

Hans-Joachim Hirsch: Wie stellt sich der Auftrag des Architekten bezüglich der Umsetzung des Entwurfs von Jochen Kitzbihler dar? Zwischen den Beteiligten wurde doch, auch für den interessierten Beobachter deutlich, um die Realisierung gerungen, da eine Reihe problematischer Fragen zu klären war, bevor der Kubus zustande gebracht und der Öffentlichkeit übergeben werden konnte.

Helmut Striffler: Schon zu Beginn des Findungsprozesses bestach Jochen Kitzbihlers Entwurf deutlich durch seine einleuchtende und gut formulierte Gedankenarbeit. Als besonders wichtig und treffend empfand ich die begriffliche Entwicklung einer Gedenkskulptur, die eine Position zwischen Architektur und Skulptur markiert, wie es auch in den vorangehenden Standortbestimmungen Kitzbihlers ausgeführt wird. Er beschreibt hier u.a. auch, wie sich das durch den Kubus umfasste Volumen als Entnahme von Stadtraum vollzieht und in der Umwidmung zu einer konkreten Geste der Restitution wird, in Erinnerung an die aus der Stadt verschleppten ehemaligen jüdischen Bürger. Das Kubus-Innere gewinnt dabei eine gewisse Autonomie, wird quasi exterritorial und somit frei für die Präsenz der Namen der Opfer und deren besondere Anordnung. Vorausgesetzt, dessen angemessene Umsetzung gelingt.

So erzeugen die wie ein Netz erscheinenden Namen sowohl einen zaghaften Schatten, als auch die den Kubus bildenden Flächen. Auch die absichtlich nicht alphabetische Reihenfolge der Namen und deren für Ergänzungen offenes Ende sind subtile Hinweise auf das jeweils damit verbundene besondere Schicksal der Namensträger. Aus dieser Komplexität entsteht ein „Fast"-Bauwerk als wichtige Eigenheit der Skulptur. Gelegentlich geäußerte Irritationen sind legitimer Teil der zu leistenden Gedenkarbeit.

Dies alles zu transportieren, erforderte besondere Mittel der Architektur, die erst noch zu finden waren. Die Arbeit an der Gedenkskulptur vollzog sich stark prozesshaft, ja tastend und erforderte eine intensive Partnerschaft zwischen Künstler und Architekten. Es war ein spannungsvoller Findungsprozess, der auch inhaltliche Aspekte der Gedenkskulptur umfasste.

In welchen konkreten Fragen „materialisierte" sich gewissermaßen Ihre gestaltende Mitarbeit?

Es begann bereits mit der abwägenden Dimensionierung der ungeteilten Glastafeln und deren stringenten Einbaudetails. Wir haben dabei riskiert, uns z.B. abweichend vom allgemeinen Stand der Technik zu bewegen, haben keine Deck- und Halteleisten, keine Luftklappen, Schlitze oder Klimageräte „geplant", wie von Bauleuten und Haustechnikern nahe gelegt, empfohlen und zum Schluss geradezu gefordert wurde. Ich habe diesen konzeptionell begründeten Zustand verteidigt um der Differenz zum „Gängigen" willen, wohl erkennend, wie schmal der Grat war, auf dem wir über Wochen und Monate gewandert sind, und welches Risiko sich abzeichnete.

Die als wesentlich erkannte makellose „Immunität" des Kubus-Innenraums durfte nicht durch triviale Baudetails gefährdet werden. Daraus ist schließlich u.a. der sehr aufwändige Unterbau entstanden mit seinem seitwärts liegenden Einstieg. Herr Funk hat den Schwenkboden dazu eigens entwickelt, und wir mussten gemeinsam die Plage mit den Bodenleitungen der Fernheizung sowie den Kabelpaketen der Telefongesellschaften durchstehen. Die Abwärme der Beleuchtung, die Überhitzung zusammen mit hoher Luftfeuchte infolge der Heizleitungen kamen hinzu und zwangen immer wieder, die Planungen zu hinterfragen und zu korrigieren.

Spannung bei der Montage des Glaskubus: Bernd Funk und Architekt Helmut Striffler (rechts dahinter), 21. November 2003
Foto: Tröster

Das heißt also, dass mit solchen planerischen Abwandlungen noch während der Ausführung Neuland beschritten wurde?

Nur im radikalen Verzicht auf ausgefeilte, aber gängige architektonische Kriterien hatten wir eine Chance, die als Aussage zugunsten der Gedenkskulptur erforderlichen baulich materiellen Mittel herauszufiltern. Der ursprüngliche Wettbewerbsentwurf war so angelegt, dass er an die Grenzen des technisch Machbaren vordringen musste. Doch die Beschaffenheit dieser Grenzen war nicht klar. Diese tauchten zunächst als Hindernisse auf. Wann im Einzelfall daraus Unüberwindlichkeit und damit „Grenze" werden würde, war stets offen und jeweils vielfach bedingter Teil des Entstehungsprozesses, wie wir wissen.

Worin sehen Sie die Ursache für die schwierige Einschätzung der technischen Probleme?

Gewiss neigt der gesunde Menschenverstand eines Sachverständigen zunächst dazu, den baulicher Üblichkeit widersprechenden Kubus in irgendeiner Form „zu knacken"

bzw. zu harmonisieren. Umgekehrt ist der Baulaie wie der vom Objekt faszinierte Architekt in der Gefahr, die auch im Kleinen unerbittlichen Gesetze der Bauphysik zu unterschätzen.

Tatsache bleibt: Die Gedenkskulptur als „Fast"-Bauwerk und in der Wirkung gleichwohl das „Doch"-Kunstwerk ist aus diesem Spannungsfeld erwachsen, ist dessen Ausdruck. Der Übergang in die „heiße Phase" der konkreten Auseinandersetzung zwischen Öffentlichkeit und Gedenkskulptur begann mit dem Tag der Montage. Auch die zerbrochene Bodentafel oder das Kondensat-Problem gehörten dazu. All dies hat phasenweise enorm Nerven und Zeit gekostet, weit über den Übergabezeitpunkt hinaus. In kleinen Schritten im Verlauf einer Einjustierungsphase, lange nach der offiziellen Übergabe, kam das Innenklima allmählich zur Ruhe. Damit war dann auch die Stadtöffentlichkeit zu jener verhaltenen Zustimmung gekommen, wie sie sich anlässlich des Jahrestags der Übergabe in der Konkordienkirche manifestierte.

Gespräch mit Helmut Striffler